Heike Schreiber

Karl-Heinz Mueller
Seelisch behinderte Kinder und Jugendliche

Karl-Heinz Mueller

Seelisch behinderte Kinder und Jugendliche

Seelisch behinderte oder von seelischer
Behinderung bedrohte junge Menschen

Eine Herausforderung an eine moderne
Heimerziehung

Eine Orientierungshilfe

2. Auflage 1999

R. G. Fischer

Die Deutsche Bibliothek – CIP-Einheitsaufnahme

Mueller, Karl-Heinz:
Seelisch behinderte Kinder und Jugendliche : seelisch
behinderte oder von seelischer Behinderung bedrohte
junge Menschen – eine Herausforderung an eine mo-
derne Heimerziehung ; eine Orientierungshilfe / Karl-
Heinz Mueller. – 2. Aufl. – Frankfurt (Main) :
R. G. Fischer, 1999
   ISBN 3-89501-523-7

2. Auflage 1999
© 1998 by R. G. Fischer Verlag
Orber Straße 30, D-60386 Frankfurt/Main
Alle Rechte vorbehalten
Satz: NL
Schriftart: Palatino 11´n
Titelzeichnung: Alexander Hanak, Calw-Calmbach
Herstellung: L
Printed in Germany
ISBN 3-89501-523-7

Inhalt

Einleitung

Wie nie zuvor wurde während der vergangenen zwei Jahre
seit Inkrafttreten der Zuständigkeit des Kinder- und Jugendhilfegesetzes für den Personenkreis der seelisch behinderten
oder seelisch beeinträchtigten Kinder und Jugendlichen
über neue und bessere Kooperationsmodelle zwischen Kin-
der- und Jugendpsychiatrie einerseits und Jugendhilfe andererseits nachgedacht. Es scheint sich zu bestätigen, daß erst
mit Einfügung des § 35 a SGB VIII »Eingliederungshilfe für
seelisch behinderte Kinder und Jugendliche« in das Jugend-
hilferecht die freien Träger erstmals ernsthaft auch über
neue Betreuungsmodelle für eben diesen Personenkreis
nachdenken und bereit sind, sich vermehrt dieser nicht unbedingt neuen, aber doch zunehmend schwieriger werdenden und in aller Regel schwer vorbelasteten Klientel zu
öffnen. Man mag darüber streiten, ob man mit der Hineinnahme der »Seelisch Behinderten« in das KJHG und der damit verbundenen Schaffung eines eigenen Leistungstatbe-
standes den eigentlich Betroffenen einen Gefallen getan hat.
Einig kann man sich darüber sein, daß Kinder und Jugendliche, die unter dem § 35 a SGB VIII erfaßt werden, als Problemgruppe anerkannt werden können, weil sie, bis der Leistungstatbestand nach § 35 a SGB VIII erfüllt wurde,
zunehmend zum Problem für Eltern, Schule, Gruppe oder
die sozialstaatliche Ordnung geworden sind. Einig kann
man sich auch darüber sein, daß es mehr und mehr Kinder
und Jugendliche gibt, die im Grenzbereich zwischen Verhaltensstörung, Lernbeeinträchtigung und psychischer Erkrankung liegen und als wesentlich seelisch beeinträchtigt oder
aber als einfach besonders »schwierig« gelten.
   Einig kann man sich auch darüber sein, daß eben im Interesse dieser jungen Menschen eine neue Art und intensivere
Form der Zusammenarbeit zwischen Psychiatrie und Jugendhilfe als zwei eigenständigen Fachdisziplinen entstehen muß.
Dies bedeutet, daß jede Fachdisziplin mit ihrem eigenen

Aspruchsdenken versuchen muß, sich für die jeweils anderen Sichtweisen von Störungs- und Krankheitsbildern im Erleben und Verhalten von Kindern und Jugendlichen zu öffnen. Sah sich die Psychiatrie bisher mit Vorwürfen der Jugendhilfe, hier insbesondere durch die Heimerziehung konfrontiert, zu unkonkrete Angaben über Störungen, Verlauf der Behandlung und fehlende Betreuungsempfehlungen für vermittelte Kinder und Jugendliche geliefert zu haben, sah sich die Heimerziehung gerne als »Entsorgungsanstalt« für in der Psychiatrie untragbar gewordene oder nicht mehr erreichbare Kinder und Jugendliche.

Umgekehrt warf die Psychiatrie zu Recht der Jugendhilfe und insbesondere der Heimerziehung vor, sich dem Personenkreis der Kinder und Jugendlichen zu verschließen, die aus der Psychiatrie über die Jugendämter vermittelt wurden. Zudem sah sich die Heimerziehung damit konfrontiert, »schwierig werdende Jugendliche« allzu schnell in die Psychiatrie zu stecken, um sich im Anschluß einer Wiederaufnahme untragbar gewordener Jugendlicher zu verschließen. Damit war die Psychiatrie wieder zum Auffangbecken problembeladener Kinder und Jugendlicher geworden, mit der Aufgabe, nach neuen Unterbringungsmöglichkeiten innerhalb der stationären Jugendhilfe Ausschau zu halten.

Die derzeit geführte Diskussion über von der Psychiatrie gewünschte Betreuungsformen für seelisch beeinträchtigte und psychisch kranke Kinder und Jugendliche innerhalb der Heimerziehung und das Bemühen der Jugendhilfe, sich diesem Personenkreis in Zuständigkeit dessen zu öffnen, läßt Psychiatrie und Jugendhilfe auch aufgrund vorausgegangener Abgrenzungsversuche einander näherrücken.

Die nachfolgenden Ausführungen möchten aufzeigen, wie sich Jugendhilfe und Psychiatrie vernetzen können, wie ein Aufeinanderbezogensein möglich werden kann, ohne die jeweils eigene Sichtweise und Fachlichkeit opfern zu müssen. Ferner sind die wesentlichen Voraussetzungen für eine zielorientierte und den Problemlagen des jungen Menschen Rechnung tragende Arbeit innerhalb der stationären Jugend-

hilfe (Heimerziehung) beschrieben, soll »belasteten« jungen
Menschen auf ihrem Weg ins Leben durch gut motivierte, be-
ständige und durchhaltende Menschen die Integration in gesellschaftliche Lebensvollzüge gelingen.

1.0 Der Weg des problembeladenen jungen Menschen zum Klienten in der Kinder- und Jugendpsychiatrie und die sich anschließende Weitergewährung der Hilfe innerhalb der Jugendhilfe nach § 34 SGB VIII

Die Überschrift mag dazu verführen anzunehmen, »seelische Behinderung« könne einzig und allein durch Ärzte der Kinder- und Jugendpsychiatrie definiert werden bzw. erst dann, wenn der junge Mensch in der Kinder- und Jugendpsychiatrie aufgenommen, seine psychische Erkrankung oder Einschränkung erkannt und behandelt wurde, sei im Rahmen der weiterführenden Hilfen, und zur Sicherstellung derselben, vom Konstrukt der seelischen Behinderung zu sprechen. Tatsache ist jedoch, daß der allergrößte Teil der Kinder und Jugendlichen, der heute unter dem Einführungsparagraphen 35 a SGB VIII erfaßt wird, längere Zeit Krisensituationen inner- und außerfamiliär durchlebt hat und von bestimmten Personengruppen wie Lehrern, Eltern oder im gesellschaftlichen Kontext als Bedrohung einer inneren und äußeren Ordnung erlebt wurde und dadurch erst als »behandlungsbedürftig« oder »erziehungsbedürftig« angesehen wurde.

Anhand von Anamnesen ist immer wieder zu beobachten, daß Kinder und Jugendliche auf vorangegangene, bestehende familiäre Konfliktsituationen (vor allem bei Stieffamilien, Scheidungsfamilien etc.) zuerst mit psychischen Krisen reagieren. Dauern diese familiären Spannungen über einen längeren Zeitpunkt an und schränken so die Selbstaktualisierungstendenzen des Kindes/des Jugendlichen erheblich ein, so droht diesem als schwächstem Mitglied des dysfunktionalen Familiensystems eine seelische Beeinträchtigung und weiterführend die Entwicklung einer seelischen Behinderung, die sich durch unterschiedliche Intensitätsgrade darstellen kann. In aller Regel werden Jugendbehörden, Polizei und Beratungsstellen erst tätig, wenn das Kind/der Jugendliche selbst massiv durch Delinquenz, suizidale Gedanken und Handlungen oder Herumstreunen aufgefallen ist und das

Kindeswohl in Gefahr gerät. Für einen nicht unerheblichen Teil dieser Kinder und Jugendlichen, dann Indexpatient, wird eine Einweisung in eine Kinder- und Jugendpsychiatrie als kurz- und/oder längerfristige Krisenintervention für notwendig befunden, wobei in den meisten Fällen die Eltern selbst mit Hilfe von Beratungsstellen, Hausärzten oder auch dem zuständigen Jugendamt eine solche Maßnahme freiwillig anbahnen. Nicht zu unterschätzen sind anlagebedingte, also primärorganische Störungen und Beeinträchtigungen (MCD, Hirnfunktionsstörungen etc.), die zu einem erheblichen Teil bei vorhandenen Erziehungsmängeln und fehlenden sozialen Bindungen im Kindesalter zu einer Dramatisierung in der Entwicklung der Störungen und Auffälligkeitsbilder und später zu psychischen Erkrankungen führen können und dadurch erst Kinder als »dringend behandlungsbedürftig« erscheinen lassen. Somit bleibt meist der Weg zur Kinder- und Jugendpsychiatrie, die im Rahmen einer mehrwöchigen vollstationären Maßnahme am ehesten eine genaue Diagnose, einen entsprechenden Behandlungsplan und eine Stabilisierung sicherstellen kann und allen am »Heilungsprozeß« Beteiligten ausreichend Gelegenheit gibt, im dialogischen Prozeß gemeinsam nach weiterführenden Hilfen in ambulanter, teilstationärer Form oder in anderweitigen vollstationären Unterbringungen zu suchen.

Problemstellung des Menschen (Indexpatient)
(Behandlungsbedürftigkeit steht vor Erziehungsbedürftigkeit)

Aufgabe: Aufnahme, Betreuung, Behandlung, Förderung und Beschulung innerhalb der Kinder- und Jugendpsychiatrie

Ziel: ------------>   Diagnose, Therapieplan, Dokumentation, Betreuungsempfehlungen

Hauptziel: ---->   Besserung des Allgemeinzustandes, Stabilisierung der Persönlichkeit hinsichtlich Belastungsfähigkeit, Konfliktlösungsfähigkeit, Selbstvertrauen

1. Schritt: Klärung, ob das Elternhaus die Voraussetzungen im Hinblick auf
* Belastbarkeit und
* Konfliktlösungsfähigkeit erbringen kann

Dialogischer Prozeß zwischen Psychiatrie, Eltern, Jugendamt und dem jungen Menschen   Weitere Klärung, wie die Anamnese der Elternteile (Erkrankung eines oder beider Elternteile, Stief- und/oder Scheidungsfamilie etc.) verläuft und ob eine Wiederaufnahme des Klienten in den Familienverband überhaupt in Frage kommen kann. Die Klärung sollte mindestens acht Wochen vor dem möglichen Entlassungsdatum gemeinsam mit dem zuständigen Jugendamt, den Eltern, dem jungen Menschen sowie Ärzten und Stationspflegern erfolgen.

Kommt das Elternhaus in Frage
-----> Anbahnung und entsprechende Betreuungs- und Therapieempfehlungen für die Eltern.

Kommt das Elternhaus **nicht** in Frage, so folgt ----->

2. Schritt: Klärung, welche Hilfeform sich nach der Psychiatrie anschließen kann!

Wichtig:	Diese Klärung hat rechtzeitig unter Einbeziehung des zuständigen Jugendamtes, der Eltern und des jungen Menschen gemeinsam mit Stationspflegern, Lehrern und Ärzten zu erfolgen.
Hierfür sind notwendig:	Kenntnisse des SGB VIII (Kinder- und Jugendhilfegesetz), Kenntnisse der möglicherweise adäquaten Jugendhilfeangebote in * ambulanter Form, * teilstationärer Form, * vollstationärer Form, * sonstiger Form mit besonderen, sich an den Krankheitsbildern, Störungen und Problemlagen des jungen Menschen orientierenden Leistungen und Sonderleistungen.
Tip:	*Jede Station einer Kinder- und Jugendpsychiatrie sollte über ein für alle Betreuer und Pfleger zugängliches Heimverzeichnis verfügen, in welchem alle Jugendhilfeeinrichtungen der jeweiligen Region und darüber hinaus mit ihren Arbeitsschwerpunkten, Gruppenangeboten und therapeutischen Leistungen erfaßt sind. Dieses Heimverzeichnis kann beim zuständigen Landeswohlfahrtsverband, Abtlg. Landesjugendamt, angefordert werden.*
3. Schritt:	Helferkonferenz innerhalb der Psychiatrie (Ärzte, Pfleger, Lehrer)
Dialogischer Prozeß zwischen Psychiatrie, Eltern, Jugendamt und jungen Menschen	Findungs- und Einigungsprozeß darüber, welche weitergehende Hilfeform aus kinder- und jugendpsychiatrischer Sicht empfehlenswert ist. Hierbei sind klare Vorstellungen zu artikulieren, welche Rahmenbedingungen und Voraussetzungen eine Nachsorgeeinrichtung bieten sollte. Dem Jugendamt als Kostenträger sollen durch die Psychiatrie wenigstens drei wünschens- und

16

empfehlenswerte Jugendhilfeeinrichtungen genannt werden.

Wichtig: Das zuständige Jugendamt als Kostenträger und Entscheidungsträger bei der Gewährung weiterer Hilfen (HzE, Eingliederungshilfe) soll über die aus kinderpsychiatrischer Sicht angedachten Hilfeformen unterrichtet werden.

4. Schritt: Klärung mit dem zuständigen Jugendamt:
- Arbeitsteilung bei der Kontaktaufnahme mit entsprechenden Einrichtungen
- Arbeitsteilung beim vereinbaren von Kennenlernterminen und Vorstellungstreffen
- Gemeinsame Absprachen und guter Informationsfluß sind nötig

5. Schritt: Vorstellung des Klienten in einer Einrichtung

An der Vorstellungsrunde innerhalb einer Einrichtung sind folgende Personen zu beteiligen (§ 36 SGB VIII »Hilfeplanung« sowie § 5 SGB VIII »Wunsch auf Wahlrecht der Eltern« und § 8 SGB VIII »Beteiligung von Kindern und Jugendlichen«):
- Eltern
- junger Mensch
- Jugendamt
- Einrichtung
- Psychiatrie

Dialogischer Prozeß zwischen Psychiatrie, jungem Menschen, Eltern, Jugendamt und Jugendhilfeeinrichtung

Vorgehensweise:
* Darstellung der Einrichtung
* Darstellung des Störungs- und Krankheitsbildes (In aller Regel erhält die angefragte Einrichtung im Vorfeld schon Unterlagen.)
* Klärung, ob und inwieweit die Einrichtung die entsprechenden Angebote vorhalten kann hinsichtlich
- des Gruppensettings, der Gruppenkonstanz
- des therapeutischen Settings

- der gezielten therapeutischen Verfahren
- der Kriseninterventionsmöglichkeiten, intern wie extern
* Begehung der Einrichtung. Es sollte im Anschluß eine Fragestunde (Blitzlicht) ermöglicht werden

Wichtig:

Wie sehen die Betreuungsempfehlungen der Psychiatrie aus?

Treffen von
Vereinbarungen:

* Probewohnen?
* Zeitraum der Anbahnung (wenigstens vier Wochen)?

Dialogischer Prozeß zwischen Eltern, jungem Menschen, Psychiatrie, Jugendamt und Jugendhilfeeinrichtung

* Kostenübernahme?
* Wie soll die Ablösungsphase hin zur Jugendhilfeeinrichtung gestaltet werden?
* Wie haben die inhaltlichen Schwerpunkte während der Anbahnung auszusehen?
* Welche Personen halten die Kontakte (namentliche Nennung)?

Wichtig:

Klärung von Zuständigkeiten

6. Schritt:

Aufnahme des jungen Menschen im Heim.
Vorläufige Hilfeplanung nach § 36 SGB VIII unter Berücksichtigung der angegebenen Betreuungsempfehlungen.

Wichtig:

Das Betreuungs- und Therapiesetting muß schon bei Aufnahme des jungen Menschen stehen. Termine und Zeiten sind für den jungen Menschen klar zu benennen. Eine höhere Betreuungskonstanz ist für die ersten Wochen anzuraten (Ähnlichkeit mit Stationsalltag ist zunächst noch sicherzustellen).

2.0 Die Notwendigkeit klarer Diagnosestellung und die sich daraus ergebenden Betreuungsempfehlungen für die Jugendhilfe

Will man zu einer halbwegs sicheren Diagnose bzw. Beschreibung einer vorliegenden Störung oder psychischen Erkrankung im Kindes- und Jugendalter kommen, ist es wichtig, die Besonderheiten von psychischen Behinderungen in der Abgrenzung zu anderen Behinderungsformen, wie der geistigen oder körperlichen Behinderung, zu kennen. Schränken Körperbehinderungen primär die Fähigkeit ein, Aufgaben in der physischen Umwelt wahrzunehmen und zu bewältigen, schränkt die psychische/seelische Behinderung den Betroffenen primär in der Ausübung der ihm zugedachten »sozialen Rollen« ein, welche die soziale Umwelt wie Schule, Familie, Gruppe das Arbeitsleben oder auch die Gesetzgebung und Verfassung von ihm fordert.

— *Seelische Behinderung/seelische Beeinträchtigung ist in Entstehung, Verlauf und Intensität abhängig von den persönlichen Voraussetzungen im Kontext gesellschaftlicher Lebenszusammenhänge.*

— *Es ist äußerst schwierig, seelische Behinderung/seelische Beeinträchtigung zu messen, da im Vergleich zur körperlichen Behinderung nicht optisch wahrnehmbar.*

— *Menschen mit psychischen Problemen oder Erkrankungsformen werden heute immer noch vorschnell als »Psychopathen« oder »Verrückte« abgetan. Das soziale Umfeld tut sich schwer, sich der Betroffenen anzunehmen, sie zu begleiten und zu stützen. Die Betroffenen sind von daher vermehrt von Isolation und Isolierung bedroht, wodurch erst eine seelische Behinderung droht und sich entwickeln kann.*

— *Seelisch beeinträchtigte Menschen sind eingeschränkt in der*

Wahrnehmung und Akzeptanz ihrer »seelischen Mängel« und »Problemlagen«. Sie benötigen mehr als andere die Fremdwahrnehmung und Rückmeldung durch andere Menschen, um die eigene Hilfebedürftigkeit erkennen zu können und angebotene und nützliche Hilfen ernsthaft zu prüfen.

– *Seelisch beeinträchtigte Menschen reagieren äußerst sensibel auf Veränderungen in ihrem sozialen und emotionalen Umfeld. Belastende Faktoren wie Todesfall in der eigenen Familie, Scheidung der Eltern, Erkrankung eines nahestehenden Verwandten können einen enormen »Rückkoppelungseffekt« haben, so daß schon bestehende Krisen einen dramatischen Verlauf zu nehmen drohen.*

– *Seelisch beeinträchtigte Menschen finden sich schnell mit den ihnen durch die Gesellschaft zugewiesenen »Rollen« oder »Nichtrollen« ab. Sie befinden sich in einer Zwickmühle, aus der sie sich aus eigener Kraftanstrengung nicht befreien können und agieren nach dem »Prinzip« der selbsterfüllenden Prophezeiung.*

Aus diesen Besonderheiten heraus bedarf es einer genauen und dezidierten Beschreibung der vorliegenden Störung und Beeinträchtigung, aus der sich erst die weiterführende Behandlungs- und Erziehungsbedürftigkeit für den jungen Menschen ableiten läßt und die Notwendigkeit eines sich anschließenden Eingliederungsbedarfes nach den Hilfen des § 35 a SGB III beschreibt.

Große Unzufriedenheit bei den Leistungsträgern (Jugendämtern) hat die Feststellung in § 36 SGB VIII Abs. 3 hervorgerufen, wonach bei der Aufstellung und Änderung des Hilfebedarfes sowie bei der Durchführung der Hilfe ein Arzt, der über besondere Erfahrungen in der Hilfe für Behinderte verfügt, zu beteiligen ist.
Diese Unzufriedenheit wurde auf einer Tagung zum Thema »Seelische Behinderung« deutlich, als Vertreter der Leistungsträger den Ärzten der Psychiatrien vorwarfen, ihre ihnen zu-

gewiesene Definitionsmacht weidlich auszunutzen und den Einfügungsparagraphen 35 a SGB VIII dazu herzunehmen, vorschnell problembelastete junge Menschen zu stigmatisieren um die aus kinder- und jugendpsychiatrischer Sicht wünschenswerten Hilfen durchzusetzen. Diesen Vorwurf kann ich als Vertreter der Jugendhilfe in keinerlei Weise unterstützen, im Gegenteil, er greift ins Leere. Selbst J.M. Fegert verweist auf die große Irritation bei den Leistungsträgern über das psychiatrisch-ärztliche Definitionsmonopol bei der Feststellung psychiatrischer Störungen. »Teilweise aggressiv werde die Bestimmung des § 36 SGB VIII Abs. 3 zusätzlich problematisiert.«

»Vergleicht man dieses vom Gesetzgeber durch die Übernahme der Bestimmungen aus dem BSHG gewollte oder hingenommene ärztliche Definitionsmonopol mit der Definitionsmacht, die den Fachkräften der Jugendhilfe in den einleitenden Bestimmungen zur Hilfe zur Erziehung nach § 27 SGB VIII Abs. 1 zugewachsen ist, so ist die gegenwärtige Aufregung über psychiatrische Diagnosen kaum zu verstehen« (J.M. Fegert, 1995).

Gerade bei der gegenwärtigen Finanzsituation der Kommunen wäre es fatal, wenn das Jugendamt die alleinige Definitionsmacht hätte und, damit verbunden, die Feststellung über weiterführende Hilfen im Anschluß an kinder- und jugendpsychiatrische Behandlungfelder treffen könnte, ganz zu schweigen, daß es fachlich überfordert wäre. Ausgehend davon, daß bei jungen Menschen mit erheblichen psychischen Störungen und akuten innerpsychischen Krisensituationen die »Behandlungsbedürftigkeit« vor der »Erziehungsbedürftigkeit« steht und damit Jugendhilfe zunächst nachrangig anzusehen ist, bedarf es auf Psychiatrieseite eines notwendigen Selbstbewußtseins, entgegen aller Anfeindungen »den Eingliederungsbedarf für den jungen Menschen zu definieren, der sich aus den konkreten Bedingungen, den Handlungsmöglichkeiten und den Handlungsbedürfnissen aus der Sicht des Hilfesuchenden« ergibt (Apitsch, 1995, nach Busch, 1995).

Die öffentlichen Träger haben sich zunächst darauf zu be-
schränken, die aus psychiatrischer Sicht erkannten Störungen
und Erkrankungen anzuerkennen, und zu überprüfen, inwieweit sie mit ihren personellen, fachlichen und organisatori-
schen Möglichkeiten bei Eintritt des jungen Menschen in die
Prämisse: »Erziehungs- und Therapiebedürftigkeit« steht vor
»Behandlungsbedürftigkeit« ausreichende Hilfeangebote
über die freien Jugendhilfeträger bereithalten können.

Hinzuweisen sind in diesem Zusammenhang auch auf die
gängigen und der Jugendhilfe sehr wohl bekannten Beschrei-
bungen von Störungsbildern. Diese sind im einzelnen:
– Störung des Sozialverhaltens mit oppositionellem, aufsässigem Verhalten
– Störung des Sozialverhaltens bei vorhandenen sozialen
  Bindungen
– Störung des Sozialverhaltens bei fehlenden sozialen Bindungen
  Die genannten drei Störungsformen des Sozialverhaltens
  gehen recht häufig einher mit Verwahrlosungstendenzen
  und Suchtgefährdung
– spezifisch emotionale Störung (z.B. depressive kindheits-
  spezifische Störungen, auch bekannt als frühkindliche Deprivation)
– hyperkinetische Syndrome (Zappelphilipp-Syndrom)
– monosymptomatische Störung (Einkoten, Einnässen, Nä-
  gelkauen, Haareausreißen etc.)
– Entwicklungsstörungen (z.B. Teilleistungsschwächen wie
  Lese-, Rechtschreibschwäche, Minderbegabung und folgende)

Die Intensität und Ausprägung einer vorliegenden seelischen
Beeinträchtigung oder Störung ist aber alleinig durch einen
Facharzt, in aller Regel eines Facharztes für Kinderpsychia-
trie oder Kinderpädiatrie, zu attestieren und im Rahmen der
Hilfeplanung allen am Prozeß Beteiligten, wie Eltern, Jugend-
amt, Jugendhilfeeinrichtung, ausführlich zu begründen und

zu beschreiben, wodurch sich erst entsprechende Betreuungsempfehlungen im Anschluß an kinderpsychiatrische/kinder-
pädiatrische Behandlungszeiten für die Jugendhilfe ergeben.

2.1 Klare Diagnosestellung erfordert das Kennenlernen des jungen Menschen in seinen Lebensvollzügen Familie, Schule und Peergroup

Zu begründen ist die Überschrift mit der Tatsache, daß Kinder und Jugendliche von Geburt an eingebettet waren in soziale Beziehungsgeflechte und Lebensumfelder. Primär waren dies zunächst die Familie (Eltern) und deren Lebensräume wie Wohnung, Verwandte und Geschwister. In späteren Lebenslagen kamen hinzu Kindergarten, Einschulung und Berufssozialisation, verbunden mit der Orientierung an Peergroups.

Ohne die Berücksichtigung derselben, sind vorliegende oder festgestellte Störungen und Auffälligkeiten im Erleben und Verhalten des jungen Menschen für Außenstehende und auch Pfleger, Ärzte, Lehrer und Eltern nicht verstehbar zu machen.

Nach *H. Remschmidt* sind folgende Gesichtspunkte bei der Diagnostik und der sich anschließenden Therapie zu berücksichtigen (*H. Remschmidt, 1990, Praxis der Kinderpsychologie und Kinderpsychiatrie S. 340*):

– *Der entwicklungspsychologische Aspekt:* Entwicklungsvorgänge bestimmen demnach oft die Symptomatik einer Störung und sind auch für die Behandlung von größter Bedeutung.
– *Der Familienbezug:* Schon durch ihre höhere Abhängigkeit von ihrer Umgebung ist bei psychisch beeinträchtigten Kindern und Jugendlichen der Familienbezug zu berücksichtigen. Vielfach, aber keineswegs immer, sind familiäre Einflüsse auch an der Verursachung, Auslösung oder Aufrechterhaltung psychischer Störungen und späterer Erkrankungen beteiligt. Daher muß ihnen sowohl in der Diagnostik als auch in der Therapie Rechnung getragen und ausreichende Berücksichtigung entgegengebracht werden.
– *Die Bildungs- und Ausbildungssituation:* Neben der Familie stellen die Bildungsinstitutionen (Kindergarten, Schule, Ausbildung etc.) wichtige Prägefaktoren für Kinder und

24

Jugendliche dar. Sie müssen daher ebenfalls im Hinblick auf die Auslösung von Störungen und seelischen Beeinträchtigungen und im Hinblick auf ihre Behebung berücksichtigt werden.

– *Risikofaktoren für psychische Störungen und Erkrankungen:* Körperliche Behinderungen, Hirnfunktionsstörungen, Teilleistungsschwächen, ungünstige soziale Verhältnisse können schwerwiegende psychische Störungen und Erkrankungen verursachen, auslösen und aufrechterhalten. Auch ihnen muß daher ein besonderes Augenvermerk gelten.

Die Kinder- und Jugendpsychiatrie bietet unter diesen zu berücksichtigenden Gesichtspunkten die größte Gewähr bestmöglicher Diagnostik und Einschätzung eines weiteren Betreuungs- und Therapieverlaufs innerhalb der Jugendhilfe, da sie im Rahmen des vollstationären Charakters psychisch belastete junge Menschen langfristig aufnehmen, begleiten, beobachten und behandeln kann. Sie verfügt außerdem über:

– den Gruppen- und/oder Stationsalltag, in dem der junge Mensch trotz seiner Behandlungsbedürftigkeit schon lernen muß, seine Bedürfnisse an denen der Gruppe zu regulieren, andererseits aber auch die Erfahrung machen kann, daß die Gruppe auch auf seine Besonderheiten Rücksicht nehmen muß. Aufgaben im lebenspraktischen, gruppenorganisatorischen, sozial-emotionalen Bereich können durch Pfleger und Therapeuten delegiert werden, wodurch eine Einschätzung zur Handlungs-, ICH-, und Sozialkompetenz erfolgen kann.

– den Schulalltag innerhalb der Klinikschule, welcher die Möglichkeit der Berücksichtigung individueller und vorangegangener Lernerfahrungen und damit verbundener Schonung bietet. Eine Reduzierung des Stoffes zur Anhebung einer positiven Motivation und langsame Steigerung des Leistungspensums ermöglichen einen Einblick in vorhandene Lern- und/oder Wahrnehmungsstörungen., in Versagensängste oder primäre/sekundäre Minderbegabung oder gute Intellektualität.

– Miteinbeziehung der Eltern in den Behandlungsprozeß ihres Kindes in Form ambulanter Eltern- und/oder Paartherapie, mit dem Ziel, die psychische Störung des Kindes für die Eltern verständlich zu machen, Entstehungszusammenhänge aufzuzeigen, um so den Eltern ihre Mitwirkungspflicht und Bringschuld am Heilungsprozeß im Interesse ihres Kindes zu verdeutlichen. Diese Bringschuld ergibt sich weniger aus möglichen familiär/verursachten Störungen, als vielmehr durch eine »*geborene Verbundenheit und eine sich daraus ergebende Verpflichtung*«.

Ziel muß es sein, erlittene Kränkungen jeweils in Beziehung zur psychosozialen Situation des Gegenübers zu setzen, damit erwachsene Beziehungsstörungen für die jeweils andere Seite im *Kind <--> Eltern-Dialog* verstehbar werden und eine Regulierung oder wenigstens Klärung der Beziehung erfolgen kann. Der Therapeut versteht sich in diesem Prozeß als Moderator und Schiedsrichter.

Zusammenfassung: Auch wenn bei psychisch beeinträchtigten jungen Menschen im Rahmen einer vollstationären Unterbringung in der Kinder- und Jugenpsychiatrie der Behandlungsaspekt im Vordergrund der Arbeit steht, wird neben der Behandlung zwangsläufig auch Erziehung geboten. Das Zusammenwirken psychiatrieinterner Lebensbereiche wie Stationsgruppe, Schulalltag, Kleingruppe, Einzeltherapie, Gruppentherapie ermöglicht ein ausführliches Kennenlernen des jungen Menschen und ein Erkennen der Ursachen für die psychische Erkrankung und damit die richtige Umgehensweise entsprechend seinen Handlungsmöglichkeiten und Handlungsbedürfnissen.

2.2 Das Wissen der Pfleger, Ärzte und Therapeuten in der Kinder- und Jugendpsychiatrie um die Rechtsgrundlagen und vorgesehenen Hilfen des SGB VIII

Noch so gut wie gar nicht im Bewußtsein der in der Kinder- und Jugendpsychiatrie Tätigen ist die Tatsache, daß seit Inkrafttreten des § 35 a SGB VIII bisher für die Jugendhilfe relevante Rechtsgrundlagen des KJHG nun auch vermehrt Einzug in die Fachdisziplin Psychiatrie finden muß.

Die Zuständigkeit der Jugendhilfe für Kinder und Jugendliche mit psychischen Problemen, so *J.M. Fegert*, führt zu einem verstärkten Informationsbedarf auf beiden Seiten, das heißt in der Kinder- und Jugendpsychiatrie wie auch in der Jugendhilfe. Vielerorts, so stellt *Fegert* fest, ist in der Kinder- und Jugendpsychiatrie die Angebotspalette der unterschiedlichen Hilfen nach § 27ff. SGB VIII noch nicht ausreichend bekannt. In meinen Fortbildungen für Mitarbeiter in unterschiedlichen Kinder- und Jugendpsychiatrien wurde dieser Mangel sehr deutlich und von daher mit großem Interesse aufgenommen. Gerade auch im Hinblick darauf, daß Eltern auch zunehmend Beratung durch die Psychiatrie in Anspruch nehmen wollen, wenn es um weiterführende Hilfen im Anschluß an die Psychiatrie geht. Hier wäre durch die Psychiatrie durchaus auf den § 1 SGB VIII Abs. 3 Satz 3, § 2 SGB VIII Abs. 1 u. Abs. 2 Satz 2-5, § 5 SGB VIII und § 8 SGB VIII Abs. 1-3 zu verweisen und die Angebotspalette der Hilfen nach den §§ 27 – 35 a SGB VIII sowie den § 37 SGB VIII aufzuzeigen. Eine Ermutigung der Eltern, das zuständige Jugendamt aufzusuchen, um sich beraten zu lassen, sollte künftig in diesen Fällen von der Psychiatrie wahrgenommen werden.

2.3 Der dialogische Prozeß zwischen Eltern, Psychiatrie, dem jungen Menschen, der Jugendhilfeeinrichtung und dem Jugendamt als Steuerungsinstrument

Wird ein junger Mensch aufgrund indizierter Behandlungsbedürftigkeit in die Psychiatrie aufgenommen, gestaltet sich die Kooperation zunächst zwischen der Familie, dem jungen Menschen und der Psychiatrie. In aller Regel rückt das Versagen der Eltern bei der Wahrnehmung ihrer Erziehungsaufgaben in den Vordergrund der Arbeit und dient der Ursachenforschung *(vgl. Apitsch, 1995, Verhältnis von Hilfen zur Erziehung und Eingliederungshilfe innerhalb der Jugendhilfe, AFET-Mitgliederrundbrief 2, Seite 30).*

Neben den Eltern steht jedoch vor allem der junge Mensch mit seinen seelischen Störungen und Defiziten im *Bemühen* der Ärzte, Pfleger und Therapeuten. Während die Eltern im anamnestischen Erhebungsbogen und im persönlichen Austausch die Probleme in Entstehung und Verlauf beschreiben und damit gleichzeitig ihren erlebten Enttäuschungen und erlittenen Kränkungen Ausdruck verleihen, werden beim jungen Menschen die Störungen mehr auf der *Erlebensseite* sichtbar, beim Ausagieren von Spannungen, beim Wortgebrauch und im Umgang mit Gleichaltrigen und Erwachsenen. Ganz unbestritten ist, daß ein erheblicher Teil der jugendlichen Patienten im Alter zwischen 10 und 17 Jahren die Einweisung in eine Kinder- und Jugendpsychiatrie zunächst als erhebliche Einschränkung seiner *Aktualisierungstendenz* und damit als tiefgreifende Kränkung erlebt.

Umgekehrt ist aber auch die Feststellung zu treffen, daß der größte Teil der Patienten in der Kinder- und Jugendpsychiatrie erstmalig das Gefühl von Geborgenheit und Getragensein erleben und an sich zulassen konnte. In meiner Einrichtung konnten viele aus der Psychiatrie vermittelte Jugendliche die Aussage treffen: *»In der Psychiatrie waren wir eine große Fami-*

lie« oder »*Zum ersten Mal habe ich wirklich Erwachsene um mich gehabt, die mich verstanden.*«

Unbestritten ist, daß Erziehung von schwierig gemachten Kindern und Jugendlichen, soll sie nicht ins Leere greifen, ein planvoller und zielgerichteter Prozeß sein muß. Dieser Erkenntnis trägt das seit 01.01.1990 in Kraft getretene Kinder- und Jugendhilfegesetz KJHG als SGB VIII durch § 36 SGB VIII »Mitwirkung, Hilfeplan« Rechnung. Vor allem während der vergangenen zwei Jahre wurde die Bedeutung der Hilfeplanung als Steuerungsinstrument für eine gezielte, zeitlich absehbare und adäquate Hilfe mit der Möglichkeit der Auswertung und Effizienzkontrolle lebhaft diskutiert. Während der Hilfeplan unter Einbeziehung aller am Gesundungs- und Erziehungsprozeß Beteiligten (Heimeinrichtung, Eltern, junger Mensch, Jugendamt, Lehrer) das Steuerungsinstrument darstellt, steht in der Kinder- und Jugendpsychiatrie der »*dialogische Prozeß*« zwischen Ärzten, Pflegern, Eltern, Therapeuten und jungem Menschen im Mittelpunkt des Behandlungsprozesses.

Während in der Jugendhilfe die Dringlichkeit ständiger Evaluation von therapeutischen Angeboten, pädagogischen Betreuungssettings und weiteren Diensten noch leidenschaftlich diskutiert wird, hat sich diese Einsicht in der Kinder- und Jugendpsychiatrie schon längst durchgesetzt. Nach *H. Remschmidt* müssen jeder Therapeut und jede Einrichtung bestrebt sein, sich über ihr eigenes Handeln Rechenschaft zu geben. Hierzu gehört auch die Überprüfung von Behandlungsmaßnahmen auf ihre Effektivität.»Niemand könne sich von dieser Verpflichtung freisprechen, weder durch den Hinweis auf eine besonders lange Ausbildungszeit noch auf besondere Erfahrungen. Die Notwendigkeit der Evaluation erstrecke sich sowohl auf einzelne Behandlungsmaßnahmen als auch auf umfassendere Behandlungskonzepte oder Therapiemodalitäten« *(H. Remschmidt, Praxis der Kinderpsychologie und Kinderpsychiatrie, 9-10/1990, Grundsätze zur Versorgung psychisch gestörter Kinder und Jugendlicher, Seite 343/344).*

Dem *dialogischen Prozeß* kommt von daher eine multifunktionale Bedeutung zu. Im Zusammenspiel der Kräfte, die von seiten des jungen Menschen sowie elterlicherseits und seitens der Psychiatrie im ständigen Austausch freigesetzt werden, wird

1. *Ursachenforschung betrieben*
2. *Hilfe- und Behandlungsbedarf erkannt und festgelegt*
3. *Ein Behandlungsplan erstellt*
4. *Evaluation und Selbstkontrolle ermöglicht*
5. *Der Behandlungsplan modifiziert und fortgeschrieben*
6. *Betreuungsempfehlungen für Eltern sowie weitergehende Dienste erstellt*
7. *Die Behandlungsbedürftigkeit zugunsten von Erziehungs- und Begleitungsbedürftigkeit als nachrangig angesehen*

Es ist unbestritten, daß die Kinder- und Jugendpsychiatrie hier der Jugendhilfe voraus ist. Es muß im Interesse der Jugendhilfe sein, sich hier aus der Psychiatrie heraus *Dienstleistungen* einzukaufen, in Form von engerer Anbindung, Austausch und verstärkter Kooperation. Die Jugendhilfe vergibt sich nichts, sie begibt sich nicht in Abhängigkeit. Im Gegenteil: Durch dieses mehr »*Aufeinanderbeziehen*«, welches sich aus der gemeinsamen Sorge um den jungen Menschen ergibt, hat auch die Jugendhilfe die Möglichkeit, mehr noch, als bisher vielleicht geschehen, auch *erzieherische Momente, gruppenpädagogische Schwerpunkte und das Selbstverständnis der Heimerziehung* in die Kinder- und Jugendpsychiatrie hineinzutragen.

3.0 Notwendige strukturelle Voraussetzungen der Jugendhilfeeinrichtung für die Arbeit mit seelisch behinderten und seelisch beeinträchtigten jungen Menschen

Nicht erst seit Inkrafttreten des Einfügungsparagraphen 35 a SGB VIII sieht sich die Jugendhilfe mit dem Personenkreis seelisch beeinträchtigter junger Menschen konfrontiert. Seit jeher hat sie sich *schwierig gewordener junger Menschen* annehmen müssen, allerdings oftmals ohne konkretes Wissen um die Gründe der Störungen und der Intensität der seelischen Beeinträchtigung. Insgesamt gesehen hat das Kinder- und Jugendhilfegesetz als SGB VIII dazu beigetragen, daß die Jugendhilfe einerseits sich fachlich weiterentwickeln konnte und mehr denn je auf andere ambulante, stationäre und teilstationäre Versorgungsdienste zurückgreifen kann, andererseits in der Pflicht steht, ihre Hilfestruktur und die Angebotspalette entsprechend dem signalisierten Bedarf der Kostenträger und anverwandter Dienste zu erweitern und zu modifizieren.

Schon *M. Günter* weist darauf hin, daß für einen Teil der Kinder und Jugendlichen, die aufgrund einer psychischen Störung als seelisch behindert einzustufen sind, bestimmte institutionelle Bedingungen innerhalb der Jugendhilfe geschaffen sein müssen. »Für eine kleine Gruppe von Jugendlichen mit besonders schwerwiegenden psychischen Störungen seien darüber hinaus spezialisierte ambulante und stationäre Hilfeangebote erforderlich« *(M. Günter, Praxis der Kinderpsychologie und Kinderpsychiatrie, 9/1995, Hilfeangebote für seelisch behinderte Kinder und Jugendliche, Seite 366).*

Meist handelt es sich bei dieser Personengruppe um Kinder und Jugendliche, die, so *M. Günter*, mit ihren Schwierigkeiten zwischen psychischer Erkrankung, seelischer Behinderung und Erziehungsdefiziten liegen. Und zu Recht stellt er fest, daß besondere Betreuungs- und Hilfeangebote in den regulären Jugendhilfeeinrichtungen derzeit meist nicht gegeben sind. Seit der Zuständigkeit des Kinder- und Jugendhilfegesetzes für den Personenkreis der seelisch behinderten und seelisch beeinträchtigten jungen Menschen finden nach Anlaufschwierigkeiten innerhalb der Heimerziehung Überlegungen statt, wie für den von *M. Günter* aufgezeigten Personenkreis entsprechende Betreuungsformen innerhalb der Heimerziehung aussehen müssen und wie eine heiminterne Vernetzung aller Beteiligten und ein Netzwerk mit außenstehenden ambulanten, stationären Versorgungs- und Beratungsträgern aussehen und aufgebaut werden kann.

Erschwerend kommt bei diesen Überlegungen hinzu, daß die wenigsten Einrichtungsträger finanziell in der Lage sind, entsprechende Betreuungseinrichtungen, spezialisierte Dienste einzurichten, und auf die Landeswohlfahrtsverbände bei der Finanzierung solcher wünschenswerten Dienste derzeit nicht zurückgegriffen werden kann. Dies liegt zum einen an der Finanzlage der Städte und Kommunen und, damit verbunden, an den beschnittenen Mitteln der Landeswohlfahrtsverbände, zum anderen liegt es auch daran, daß die derzeit bestehenden Angebote an Heimplätzen durch Strategen und Jugendhilfeplaner der Landeswohlfahrtsverbände erheblich zur Disposition gestellt werden und somit der Spielraum für Einrichtungsträger bei der Einrichtung entsprechender Betreuungsformen durch Verweigerung der Betriebserlaubnis, Verweigerung zur Neuverhandlung von kostendeckenden Pflegesätzen oder Nicht-zur-Kenntnis-Nehmen enorm eingegrenzt wird.

Somit bleiben Einrichtungsträger bei der Wahrnehmung ihrer Aufgaben auf sich alleine gestellt und tragen bei der derzeitigen Deckelung der Pflegesätze alleine das Investitions- und Trägerrisiko solcher gewünschten Betreuungsformen.

Gerade jetzt, wo ein hohes Maß an Flexibilität und Anpassungsfähigkeit an sich verändernde gesellschaftliche Erscheinungen von der Jugendhilfe gefordert wird, wird sie in der Wahrnehmung dieser Aufgabe durch in Verantwortung stehende Kommunalpolitiker der Städte- und Landkreistage daran gehindert.

Dennoch sollen im Anschluß die als notwendig erachteten Voraussetzungen für die Betreuung und Förderung psychisch belasteter und seelisch behinderter junger Menschen innerhalb der stationären Jugendhilfe aufgezeigt werden.

3.1 Gruppengröße und personelle Voraussetzungen

Derzeit werden in der stationären Jugendhilfe zwei Modelle zur weiterführenden Versorgung und Betreuung psychisch beeinträchtigter Menschen diskutiert.

Das erste Modell sieht vor, seelisch behinderte junge Menschen in schon bestehende Heimgruppen mit in aller Regel einer Gruppengröße von 8 Plätzen zu integrieren. Dieses Modell wird derzeit von manchen Landeswohlfahrtsverbänden favorisiert, da es weniger Veränderungen baulicher, personeller und finanzieller Art mit sich bringen würde.

Aber auch namhafte *Integrationspädagogen* oder jene die sich gerne als solche zu erkennen geben, favorisieren ein solches Betreuungsmodell für seelisch behinderte Kinder und Jugendliche. Ausgehend davon, daß nur Kinder und Jugendliche mit schwerwiegenden Störungen und vorhergehenden psychischen Erkrankungsformen als seelisch behindert im Sinne des § 35 a SGB VIII angesehen werden, halte ich dieses Betreuungsmodell für unverantwortlich.

Ein erheblicher Teil der Kinder mit psychischen Beeinträchtigungen und schwerwiegenden Störungen ist mit den bisher üblichen, in der Heimerziehung vorherrschenden Gruppenstrukturen schlichtweg überfordert. Aus meiner langjährigen Praxis kann ich bestätigen, daß solche Kinder, wurden sie in Regelgruppen integriert, folgende Begleiterscheinungen ertragen mußten und diese Begleiterscheinungen durch die im Gruppendienst tätigen sozialpädagogischen Fachkräfte nicht ausreichend aufgehoben werden konnten. Diese waren insbesondere:

– Die Gesamtgruppe war mit dem *Störungsbild* des seelisch behinderten Kindes überfordert. Aus dieser Überforderung heraus bildete sich Unsicherheit im Umgang mit diesem belasteten Kind, was zu Aggressionen und Übergriffen auf das Kind führte.

- Das Kind sah sich erheblich in seiner *Selbstaktualisierungs-tendenz* eingeschränkt und entwickelte zusätzlich überlebensmilieubedingte und angstmotivierte Verhaltensweisen (Rückzug in die Depression, Verstimmungen, Tics, Fluchtverhalten, somatische Reaktionen und folgende...).
- Die Betreuer gerieten in Loyalitätskonflikte zwischen der bisher bestehenden Gruppe und dem »neuen Kind/Jugendlichen«. Sehr schnell wähnten sie sich in der Beschützerfunktion für das seelisch behinderte Kind, wodurch die Ablehnung und Abwehr der Gesamtgruppe diesem Kind gegenüber verstärkt wurde.
- Manche Betreuer sahen ihre bisher gut funktionierende Gruppenstruktur durch die Hineinnahme des »seelisch behinderten Kindes/Jugendlichen« gefährdet und erlebten es als Bedrohung einer inneren und äußeren Ordnung.

Damit war die Gefahr einer wiederaufkommenden krisenhaften Zuspitzung gegeben und anstelle von *Aufnahme und Integration* trat *Isolation und Ausgrenzung*.

Das zweite Modell, welches vor allem von freien Einrichtungsträgern favorisiert wird, sieht die Schaffung neuer, vor allem überschaubarer Lebensräume innerhalb der Heimstruktur (siehe Skizze 1) vor. Kleine Wohneinheiten, überschaubare Gruppengrößen von 4 max. 6 Plätzen und ausreichend Personal sollen den ganz individuellen Beeinträchtigungen und Erziehungsdefiziten schwer belasteter Kinder und Jugendlicher Rechnung tragen. Entweder werden schon bestehende Wohngruppen entsprechend verändert oder neue Gruppen eingerichtet, was eine Platzzahlerweiterung bedeutet. Hinzu kommt für solche neu entstehenden Betreuungsformen die Auswahl von qualifiziertem Personal, welches über entsprechende Berufserfahrungen mit Psychiatrieklientel und über eine professionelle Ausbildung verfügt und Kenntnisse der Besonderheiten von schwer psychisch Kranken und/oder Kindern und Jugendlichen mit Persönlichkeitsstörungen besitzt.

Die spezialisierte Betreuungseinrichtung innerhalb einer bestehenden Heimstruktur

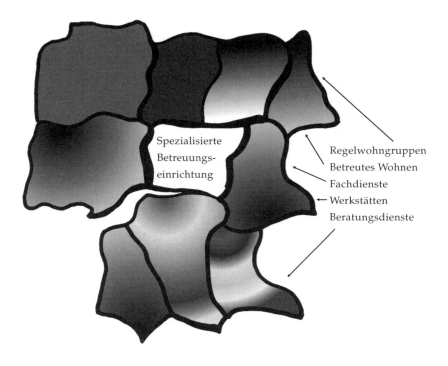

Spezialisierte Betreuungs-einrichtung

Regelwohngruppen
Betreutes Wohnen
Fachdienste
Werkstätten
Beratungsdienste

Aufbau und Wiederherstellung der ICH-Funktionen als Vorausset-zung für den Zugang zur Welt

Integration und Eingliederung innerhalb eines beschützenden Rah-mens (hier Heimlandschaft) als Vorbereitungsphase weitergehender Integrations- und Eingliederungsversuche außerhalb der Einrich-tung in weitere Lebensvollzüge (Schule, Arbeitsleben, Freizeit, Fa-milie) und damit verbundene gesellschaftliche Verhaltenserwartun-gen.

Vorteile dieser besonderen Betreuungsform sind:
– Die Störungen und Beeinträchtigungen sind in der Kleingruppe eher virulent, sie bedingen sich nicht unbedingt
   gegenseitig.
– Die Störungen und Beeinträchtigungen werden in der
   Kleingruppe eher mitgetragen. Allmachtsphantasien, Ängste, Spaltungstendenzen, Konflikte und Kränkungen werden durch die Betreuer als Ausdruck seelischer Zerrissenheit, Orientierungslosigkeit und Begleitungsbedürftigkeit
   erlebt.
– Die Wohngruppe wird als geborgenheitsstiftender Ort, als
   Schutzraum und Rückzugsmöglichkeit erlebt und nutzbar
   gemacht.
– Durch die Einzelzimmersituation wird die Intimsphäre
   des einzelnen gewahrt. Ruhezeiten zur Psychohygiene der
   Kinder, aber auch der Mitarbeiter der Gruppe sind so eher
   gewährleistet als bei Doppelzimmersituationen.
– In krisenhaften und dramatisch verlaufenden Konfliktsituationen (suizidale Handlungen, massive körperliche Übergriffe, massive Grenzüberschreitungen etc.) ist der notwendige Überblick für die Gesamtgruppe eher gewahrt.
– Die Kinder und Jugendlichen wissen, »daß sie zunächst so
   sein dürfen, wie sie nun einmal sind«. Eine Identifizierung
   mit einer solchen Betreuungsform/Gruppe wird rascher
   möglich, wodurch erst ein »Sicheinlassen« auf konkrete
   Hilfeangebote ermöglicht wird.

Wenn schon, wie im ersten Modell beschrieben, die bisher üblichen Berufsprofessionen wie Erzieher und Sozialpädagogen
die Integration seelisch behinderter Kinder und Jugendlicher
in bestehende Regelgruppen von 8 Plätzen sicherstellen sollen, ganz zu schweigen von der oftmals fehlenden Erfahrung
im Umgang mit psychischen Erkrankungen, müssen die Verantwortlichen den freien Einrichtungsträgern eine bessere
personelle Ausstattung zugestehen. Dies hätte zwangsläufig
auch einen höheren Pflegesatz für diese Form der Integration
zur Folge. Eines gilt es aber zu bedenken: Die derzeitige durch-

schnittliche Personaldecke von 4,3 Stellen auf 8 Kinder und Jugendliche reicht bei weitem nicht aus, sollen pro 8er Gruppe wenigsten zwei Kinder und Jugendliche mit erheblichen seelischen Behinderungen Integration und Eingliederungshilfe im wortwörtlichen Sinne erfahren. Wird dieser Ansatz verfolgt, müßte nach eigenen Berechnungen eine Personaldecke von wenigstens 6,8 Stellen sichergestellt sein, berücksichtigt man Urlaubszeiten, Krankenstände oder Ausfallzeiten wegen Ausscheidens aus der Einrichtung. Nur durch diese Personalkapazität ließen sich ausreichend Dreier-Besetzungszeiten sicherstellen, um dem individuellen Förderbedarf einzelner und den notwendigen Einzelfallhilfen halbwegs Rechnung tragen zu können. Die Erfolgsaussicht allerdings, schwer seelisch beeinträchtigte Kinder und Jugendliche so mittelfristig zu integrieren, darf angezweifelt werden. Konkret bedeutet diese Form der Integration ein Mehr an sich krisenhaft zuspitzenden Konfliktsituationen, was ein Zurückgreifen auf die kinder- und jugendpsychiatrischen Dienste zur Krisenintervention bedeutet. Also ein dem »Integrations- und Eingliederungsgedanken« zuwiderlaufender Ansatz.

Folgt man dem Ansatz von *K.H. Mueller*, erfordert Integration und Eingliederung seelisch behinderter junger Menschen zunächst intensivste Begleitung. Je nach Ausmaß und Intensität der Störung hat sich auch die Betreuungsintensität und Betreuungskonstanz zu orientieren. Hierzu sind zu berücksichtigen:

- die Dimension der psychischen Auffälligkeit (Schadensbild, Verlauf)
  daraus resultierend
- die Handlungs- bzw. Verhaltensdimension (funktionelle Einschränkung im Bereich des Denkens, des Handelns, der Einsichtsfähigkeit, der Bewegung etc.)
  daraus resultierend
- die Dimension der sozialen Beeinträchtigung (Benachteiligung in sozialen Lebensvollzügen wie Gruppe, Schule, Freizeit, Beruf, Familie etc.)

Diese drei Dimensionen machen deutlich, daß seelisch behinderte oder von seelischer Behinderung bedrohte Kinder und Jugendliche im Anschluß an ihre Behandlung in der Kinder- und Jugendpsychiatrie meist weitgehender und tiefgreifender Hilfen und damit, so *Mueller*, intensiver personaler Begleitung und Förderung bedürfen. Mehr noch, als sie die »Heimerziehung« in ihrer derzeitigen Form zu leisten imstande ist, soll Eingliederung und Integration in eine Lebensgemeinschaft (hier zunächst Gruppe) und, damit verbunden, in gesellschaftlicher Sozialisationsfelder (Schule, Familie, Beruf, Freizeit...) gelingen *(siehe K.H. Mueller, »Intensivgruppe als Eingliederungs- und Integrationshilfe für schwer zu integrierende oder seelisch behinderte sowie von seelischer Behinderung bedrohte Kinder und Jugendliche«, in: UNSERE JUGEND, 6/1996).*

Von daher muß sich die stationäre Jugendhilfe, hier die Heimerziehung, inhaltlich neu orientieren und ihre fachlichen Standards im Interesse der seelisch behinderten Kinder und Jugendlichen ausbauen, wenngleich sie damit in Widerspruch zu den Verantwortlichen in den politischen Gremien steht.

Das zweite Modell scheint unter Berücksichtigung der vorangegangenen Sozialisationsgeschichte seelisch Behinderter die bessere Alternative zu sein. Dies hat folgende Gründe:

— Ein neues Betreuungskonzept erfordert breiteres Fachwissen und fordert die Jugendhilfe in Richtung neuer und anderer Sichtweisen.
— Anstatt auf die bisher üblichen Professionen Erzieher und/oder Sozialpädagogen zurückzugreifen, gilt es vermehrt, unterschiedliche Professionen für die Arbeit mit seelisch behinderten Kindern und Jugendlichen innerhalb der Heimerziehung zu gewinnen. Vorwiegend sollte auf Personal gesetzt werden, welches schon Vorerfahrungen mit psychiatrischen Störungbildern sammeln konnte und über die entsprechende Berufserfahrung verfügt. Dies können sein: Psychiatriefachpfleger/-schwestern, Heil-

pädagogen oder Heimerzieher mit Psychiatrieerfahrung, Kunst- und/oder Arbeitstherapeuten mit Psychiatrieerfahrung und Sozialpädagogen mit Psychiatrieerfahrung.

- Gezielte und ernstzunehmende Arbeit mit seelisch behinderten jungen Menschen, welche wirklich den Integrations- und Eingliederungsgedanken verfolgt, sieht die Pädagogik nicht als losgelöste Fachdisziplin, genausowenig, wie es die Therapie oder psychiatrische Sichtweise sein kann. Vielmehr ist eine Verbindung von Pädagogik, Therapie und Psychiatrie oberstes Gebot. Aus der Psychiatrie kommende Mitarbeiter bieten Gewähr und tragen zur Vielfalt innerhalb der Jugendhilfe bei.
- Berufserfahrende Fachkräfte kennen psychiatrische Störungsbilder und ihre Dynamik. In Verbindung mit pädagogischem Alltagserleben ist eher eine positive Einflußnahme auf das »belastete« Kind möglich.
- Abgrenzungsschwierigkeiten zur Psychiatrie entfallen eher aufgrund vorangegangener Berufserfahrungen und Qualifizierungen innerhalb der Psychiatrie.

Die Personaldecke für eine entsprechende Betreuungsform, wie sie auch M. *Günter* für eine Gruppe von seelisch behinderten Kindern und Jugendlichen fordert, sollte bei einer Gruppenstärke von 4 Plätzen bei 5,8 Stellen liegen. Bei einer Gruppenstärke von 6 Plätzen muß eine Personaldecke von 6,8 Stellen sichergestellt sein.

Gründe für diese Personalvorstellung sind:
- Viele Kinder und Jugendliche, die lange Zeit (4 Monate – 2 Jahre) in vollstationärer psychiatrischer Behandlung waren, sind zu Gewohnheitsmenschen mutiert. Für diese Gruppe ist beim Wechsel in eine Heimeinrichtung noch ein gewisses Maß an »Stationsalltag« sicherzustellen, nach dem *Motto*: »Viel Personal, viele Kids, viel Streß und immer was los.«
- Der Übergang der jungen Menschen von der »Behandlungsbedürftigkeit« zur »Erziehungs- und Förderbedürf-

tigkeit« führt dazu, daß sie nicht mehr selbstverständlich als »krank« angesehen werden und sich somit nicht mehr hinter ihren Symptomen verstecken können, um sich legitimen Beziehungsangeboten, Anforderungen und Leistungserfordernissen in Gruppenalltag, im Konflikt oder in der Schule zu entziehen. Dieser Bruch muß behutsam begleitet und ein fließender Übergang muß garantiert sein.

– Schon über entsprechende Verordnungen eingeleitete Maßnahmen (wie z.B. Logopädie, Ergotherapie, Arbeitstherapie oder Reiten etc.) sollen so gut als möglich in der Heimeinrichtung weitergeführt werden können. Unterschiedliche Berufsprofessionen (z.B. Heilpädagogen, Arbeits- und/oder Kunsttherapeuten) können einen Teil der Maßnahmen weiterführen, was allerdings mehr Einzelbetreuungszeiten bedarf, ohne die restliche Gruppe in Vergessenheit geraten zu lassen.

– Es erklärt sich von selbst, daß bei einer 4er Gruppe eine ständige Doppelbesetzung und zu bestimmten Zeiten eine Parallelkraft nötig sein dürfte. Bei einer 6er Gruppe müssen überwiegend konstante Dreierbesetzungen sichergestellt sein.

Bei der gegenwärtigen Diskussion über Sinn und Unsinn, Notwendigkeit oder Nichtnotwendigkeit solcher oder anderer Betreuungsformen sollten die Verantwortlichen in Politik und Verbänden der Jugendhilfe und der Psychiatrie nicht das Wort reden. Die gegenwärtigen Überlegungen, die teilweise schon verwirklichten Einrichtungen für den Personenkreis der seelisch behinderten Kinder und Jugendlichen entstehen oder entstanden aus dem letztendlich gemeinsamen Bemühen um diese junge Menschen. Daß dabei die im Interesse der Betroffenen wünschenswertesten Hilfeangebote realisiert werden sollen, sollte insbesondere der Jugendhilfe nicht zum Nachteil ausgelegt werden, vielmehr bedarf sie mehr denn je der übergreifenden Unterstützung aller gesellschaftlichen und sozialpolitisch verantwortlichen Gruppierungen.

3.2 Die fachlich-therapeutischen Netzwerke innerhalb der Jugendhilfe-Einrichtung

Die Einrichtung »spezieller« Betreuungsformen für den Personenkreis der seelisch behinderten jungen Menschen mit schwerwiegenden Störungen bedarf jedoch nicht nur einer ausreichenden Personaldecke und unterschiedlicher Professionen. Pädagogen und Therapeuten, die mit der Förderung und Betreuung von solch jungen Menschen betraut sind, müssen in ihrer Arbeit auf institutionalisierte Fachdienste zurückgreifen können, soll seelisch Behinderten wirkliche Lebensbewältigung und die Überwindung vorliegender Störungsbilder gelingen. Nur wo sich Mitarbeiter des Gruppendienstes ausreichend unterstützt und beraten wissen, sich mit ihren Anliegen, Unsicherheiten und Zweifeln aufgehoben und verstanden wissen, werden sie eher bereit sein, diese belastende Betreuungsarbeit auf längere Zeit hin auszuhalten und durchzutragen. Auf diesem Hintergrund muß sich eine Einrichtung, die sich neben den schon meist schwierigen Heiminsassen auch der Betreuung seelisch behinderter junger Menschen widmet, darüber im klaren sein, daß sie eine adäquate Betreuung, fachliche Beratung und therapeutische Unterstützung nur dann aufrechterhalten kann und darin ernst genommen werden wird, wenn sie ausreichend fachliche Dienste vorzuhalten bereit ist.

Nicht nur *M. Günter* hat richtig erkannt, daß für eine kleine Gruppe von seelisch behinderten jungen Menschen die bisherigen Betreuungsangebote der stationären Jugendhilfe nicht ausreichen. Auch *K.H. Mueller* macht in einem Aufsatz darauf aufmerksam, daß mit den »Grundleistungen der Heimerziehung« in den folgenden Jahren keine bedarfsgerechte Arbeit mehr geleistet werden kann. Dies habe seiner Meinung nach folgend Gründe:
- Heimerziehung als letztes Glied einer langen und fragwürdigen Hilfekette muß sich zwangsläufig auf eine ältere

Notwendige fachliche Standards in der Heimerziehung für die Arbeit mit schwer integrierbaren und seelisch behinderten Kindern und Jugendlichen

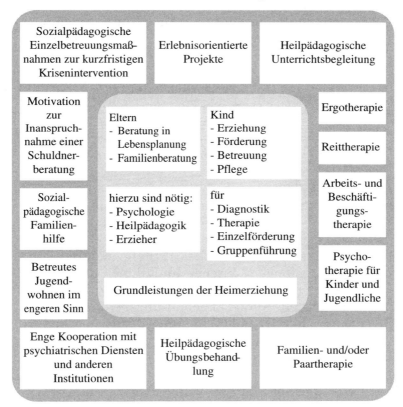

Spezielle und bedarfsorientierte Leistungen

Spezielle und bedarfsorientierte Leistungen sind solche, die im besonderen Bedarfsfall Kindern oder Jugendlichen im Rahmen der erkannten Behandlungs- bzw. Erziehungsbedürftigkeit auf Grundlage der Hilfeplanung nach § 36 SGB VIII gewährt werden können, vor allem im Hinblick darauf, daß gerade schwer integrierbare, von seelischer Behinderung bedrohte oder psychisch belastete junge Menschen mit den Grundleistungen der Heimerziehung nicht ausreichend erreicht und gesundet werden können.

und schwierigere Klientel einstellen, welche oftmals mit den herkömmlichen Methoden erzieherischer und therapeutischer Grundleistungen der Heimerziehung nicht mehr zu erreichen ist.

– Heimerziehung muß im Interesse dieser Klientel den »erzieherischen Klammergriff« lösen, weil er zusätzlich Konflikte im Erleben und Verhalten solch junger Menschen provoziert und dazu führt, daß diese jungen Menschen ausbrechen und sich letztendlich jeder Hilfe verschließen. Gerade um das Wissen, daß Heimerziehung »Hilfeendstation« ist, muß diese Hilfeform *phantasievoll, kreativ und offensiv* ausgestaltet werden *siehe K.H. Mueller, Wo geht es hin mit dem Jugendhilfestandbein »Heimerziehung«?, UNSERE JUGEND, 5/1995).*

Aus dieser Feststellung, aber auch der Kernaussage des § 34 SGB VIII heraus kann also Betreuung, Erziehung und Lebensbegleitung nicht nur von Fachkräften einer Betreuungsform geboten werden. Gerade auf dem Hintergrund, daß für seelisch behinderte junge Menschen im Rahmen der Nachsorge in aller Regel häufig auf die Heimerziehung zurückgegriffen wird und anstelle von »Behandlungsbedürftigkeit« der Schwerpunkt auf »Erziehungs- und Begleitungsbedürftigkeit« gelegt wird, ist eine Verbindung von Alltagserleben mit pädagogischen und therapeutischen Angeboten zur Förderung der Persönlichkeitsentwicklung unerläßlich. Dies trifft die Kernaussage des § 34 SGB VIII »Heimerziehung«.

Unter diesem Aspekt läßt sich ableiten, daß die adäquate Versorgung und Nachbetreuung seelisch behinderter Kinder und Jugendlicher nicht mehr nur mit den bisher üblichen Fachdisziplinen innerhalb der Heimerziehung wie *Heilpädagogik, Psychologie,* in der Regel durch einen Heilpädagogen und Dipl.-Psychologen repräsentiert, erreicht wird und dadurch ausreichende therapeutische Begleitung geboten werden kann. Gerade auf dem Hintergrund, daß die Familie oft als Ursache für seelische Störungen im Kindes- und Jugendalter gilt, muß Heimerziehung mehr denn je dazu drängen, auch hier fachlich-therapeutische Begleitung sicherzustellen. Darüber hinaus sind weitere Fachdienste bzw. therapeutische Leistungen in der Arbeit mit den Betroffenen unerläßlich, die es über den Einsatz unterschiedlichster Techniken und Medien, durch den Einsatz verschiedener Gesprächsvariablen schaffen, die Integrations- und Eingliederungsphase stützend für den Klienten selbst und für die in Betreuungsverantwortung stehenden Mitarbeiter zu begleiten (siehe Skizze 2).

Für die Arbeit im heilpädagogischen Behandlungszentrum *Sperlingshof (59 Plätze)* wurde der Fachdienst folgendermaßen ausgebaut *(Stand: April 1996)*:

- 1 Dipl.-Psychologin für Diagnostik und Therapie *Vollzeit*
- 1 Dipl.-Psychologe für Diagnostik und Therapie/Familientherapie *Halbzeit*
- 1 Schulpädagoge für Lernförderung *Dreiviertelzeit*
- 1 Familientherapeutin/Familienhelferin *Vollzeit*
- 1 Heilpädagoge für Unterrichtsbegleitung und Übungsbehandlungen *Vollzeit*
- 1 Heilpädagogin für Spieltherapie und Übungsbehandlungen *Eindrittelzeit*
- 1 Reittherapeutin auf Kooperationsbasis (Stundenabrechnung, Krankenkassenzulassung)
- 1 Supervisorin auf Honorarbasis
- 1 Kinder- und Jugendpsychiater (Chefarzt der kooperierenden Psychiatrie) mit *4x3 Stunden monatlich zur Konsiliarberatung*

Zusätzlich haben wir eine ergotherapeutische Praxis im Behandlungszentrum eingerichtet und mit dem Verband der Krankenkassen einen Versorgungsvertrag nach § 124 SGB V abgeschlossen.

Die breite Angebotspalette an therapeutischen Fachdiensten ist deshalb dringen erforderlich, um schon durch Verordnung eingeleitete Maßnahmen für Klienten sicherzustellen und weiterzuführen, einen Transfer der therapeutischen Arbeit in die Arbeit der Betreuer zu ermöglichen und zu einer baldestmöglichen Stabilisierung der Persönlichkeit der jungen Menschen beizutragen. Folgende auch *psychiatrieverwandte* therapeutische Verfahren sind dadurch sichergestellt:

- gesprächsorientierte Psychotherapie,
- Familien- und/oder Paartherapie,   } *Dipl.-Psychologin/Dipl.-Psychologe*
- analytische Spieltherapie,

- direktive und nondirektive Spieltherapie,   *Heilpädagogin/Heilpädagoge*
- Einsatz unterschiedlicher Gesprächsvariablen,   *Erzieher, Therapeuten*
- Sozialpädagogische Familienhilfe
  (Schuldnerberatung, Beratung in Lebensfragen,
  Hilfe bei Wohnungssuche, Gang zu Behörden,
  Beratung in Erziehungsfragen etc.),   *Familientherapeutin*

enger Kooperations- und Abstimmungsprozeß

- heilpädagogische Übungsbehandlungen
  (Psychomotorik und Rhythmik),   *Heilpädagoge/Heilpädagogin*
- basale Kommunikation und Stimulation,   *Heilpädagoge/Heilpädagogin und Ergotherapeutin*
- Wahrnehmungs- und Konzentrationsförderung,
- Körperwahrnehmungsverfahren,   } *Ergotherapeutin*
- rehabilative Bewegungsmaßnahmen,
- Schulförderung, Lerntests, systemisches Lernen,   *Schulpädagoge (Lehrer)*

- Reittherapie,   *Reittherapeutin*
- Supervision,   *Supervisorin, TZI-Diplom*
- ärztliche Supervision,   *Kinder- und Jugendpsychiater*

Man mag über die Fülle solcher fachlichen Standards innerhalb einer qualifizierten Heimerziehung strittig sein, vor allem auf dem Hintergrund gegenwärtiger Einspardiskussionen innerhalb des gesamten Feldes sozialer Arbeit. Jugendhilfeeinrichtungen, die sich der Nachsorge seelisch behinderter

46

junger Menschen verstärkt widmen wollen, müssen sich im Vorfeld über die Konsequenzen klarwerden. Es darf nicht damit getan sein, nur auf Konzeptionsbroschüren sich als geeignete Nachsorgeeinrichtung für junge Menschen mit erheblichen psychischen Problemen darzustellen, sich gleichzeitig aber die notwendigen Leistungen für eine Nachsorge solcher jungen Menschen nicht vorzuhalten. Vor allem im Interesse dieser belasteten Menschen muß Heimerziehung mehr denn je auch »*einrichtungsinterne Kriseninterventionsmöglichkeiten*« schaffen, soll künftig ein *Psychiatrietourismus* für in Krisen geratene Jugendliche vermieden werden. Einrichtungsinterne Kriseninterventionsmöglichkeiten schließt, hiermit verbunden, auch das Schaffen entsprechender Foren für die Psychohygiene der in Betreuungsverantwortung stehenden Mitarbeiter ein. Gemeint sind hierbei zeitliche Schonräume für »ausgebrannte Mitarbeiter«, rechtzeitig angebotene Supervision und zeitlich befristete »Verantwortungsentlastung« durch Fachdienste vor Ort. Auch die Autorität des Einrichtungsleiters oder Erziehungsleiters hat sich hier einzubringen.

3.3 Die Vernetzung mit anderen Diensten und Fachdisziplinen

Heimerziehung unter den zuvor genannten Aspekten darf sich zu Recht als eigene Fachdisziplin, als *Pädagogik unter erschwerten Bedingungen* definieren, weil sie sich Kindern und Jugendlichen unter dem Aspekt ihrer speziellen Erziehungs- und Förderbedürfnisse widmet, *die unter erschwerten Bedingungen ihr Dasein meistern müssen.* Diese erschwerten Bedingungen ergeben sich in aller Regel durch das Vorliegen von Beziehungshindernissen (emotionale Unterernährung, fehlendes Urvertrauen, Mißtrauen und Ich-Schwäche u.v.m.) und Entwicklungshindernisse (soziale Benachteiligung, Außenseiterrolle, Isolation u.v.m.) und die sich daraus entwickelnde seelische Behinderung.

Schon *O. Speck* weist auf das zentral wichtige Ganzheits- und Ergänzungsprinzip hin, wonach folgende Gesichtspunkte zum Ausdruck kommen müssen:
- die anthropologisch-ganzheitliche Orientierung einer Erziehung, die einer personalen und sozialen Desintegration zu begegnen und Lebenssinn zu erschließen hat
- das komplementäre Ergänzungsverhältnis zwischen allgemeiner und spezieller Pädagogik
- die kooperative Ergänzungsbedürftigkeit zwischen spezieller Pädagogik (innerhalb der Heimerziehung) und Nachbardisziplinen

Demnach ist die angesprochene Komplementarität in den Beziehungen und in der Verständigung mit den verschiedenen Nachbarwissenschaften oder Teildisziplinen ausdrücklich auch in der Weise zu sehen, daß eine wissenschaftliche Eigenkompetenz einer »Heilpädagogik« (heilpädagogische Heimerziehung) oder einer benachbarten Disziplin in ihrer Gültigkeit für den einzelnen jungen Menschen, der Hilfe braucht, nicht aus sich allein begründet werden kann, sondern der Ergän-

48

zung durch andere wissenschaftliche Bereiche bedarf. Damit wird vor allem die Notwendigkeit der *interdisziplinären* Verständigung – auch im sonderpädagogischen Bereich selberangesprochen *(O. Speck, System Heilpädagogik, Seite 13, Reinhardt 1988)*.

Folgt man der Psychiatrie-Enquetekommission von 1975 und ihrer angestrebten Vorstellung eines regionalisierten Verbundsystems aller psychosozialen Dienste, würden sich einzelne Fachdisziplinen und Dienste, was ihre Organisationsstruktur und Kooperationsfähigkeit angeht, überfordern. Für die Arbeit mit seelisch behinderten und psychisch beeinträchtigten jungen Menschen innerhalb der stationären Jugendhilfe scheint die Berücksichtigung folgender psychosozialen Systeme (Skizze 3) ausreichend:

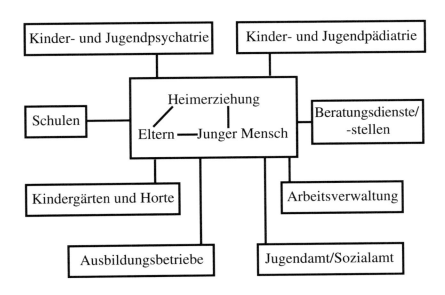

Die Heimerziehung hat sich einerseits um ein gutes Verhältnis zu den unterschiedlichen Diensten und Systemen zu bemühen, andererseits sich aber aus diesen Diensten und Systemen *heraus* »*Dienstleistungen*« in Form von Beratung,
Austausch und konkreter Hilfe einzukaufen. Die freigesetz-
ten Potentiale und Kräfte werden wiederum in den Erzie-
hungs- und Behandlungsprozeß für den jungen Menschen
selbst und die Familie investiert. Der Hilfeplan nach § 36 SGB
VIII als Instrument der Selbst-Evaluation, dem sich alle am
Erziehungsprozeß Beteiligten anzubinden haben, koordiniert
die Aufgaben, das Ausmaß der Kooperation und benennt die
dafür verantwortlichen Personen und stellt die fachlichen,
personalen, räumlichen und finanziellen Ressourcen sicher.

4.0 Das multiprofessionale Team in der Betreuung und Förderung seelisch behinderter und seelisch beeinträchtigter junger Menschen

Nach wie vor wird die pädagogische Arbeit in der Heimerziehung, und hier vor allem die Erziehung in Wohngruppen, von den Berufsprofessionen Erzieher/Heimerzieher und/oder Sozialpädagoge dominiert. Vor allem das Berufsbild des Erziehers/Heimerziehers prägt die erzieherische Arbeit und steht damit automatisch in Verantwortung für die Sicherstellung formulierter Erziehungs- und Behandlungsziele, die im Rahmen der Hilfeplanung als notwendig erkannt und festgehalten worden sind. Nach wie vor wird die Heimerziehung zu 80 Prozent durch Fachschulabsolventen (Heimerzieher, Erzieher und/oder Heilerziehungspfleger) dominiert. Die restlichen 20 Prozent werden von Sozialpädagogen abgedeckt. Erschwerend kommt hinzu, daß es nach wie vor den meisten Einrichtungsträgern nicht gelingt, ihre in Betreuungs- und Erziehungsverantwortung stehenden Mitarbeiter ausreichend zu qualifizieren, geschweige denn sie zu motivieren oder ihnen eine Teilnahme an adäquaten Fortbildungsveranstaltungen zu ermöglichen. Weiter kann festgestellt werden, daß es die Ausbildungsstätten für Erzieher/Heimerzieher und Sozialpädagogen immer noch versäumen, ihre Studierenden für die zunehmend schwieriger werdende Arbeit, die zunehmenden Belastungsfaktoren zu qualifizieren. Nach wie vor wird das Fach »Heimerziehungslehre« und das Fach »Heilpädagogik« vernachlässigt und das Arbeitsfeld Heimerziehung als Berufsbild zur Selbstverwirklichung und Sinnerfüllung verkauft. Die vielfältigen Störungsbilder, die Intensität und Dauer von psychischen Erkrankungen und die zunehmende Zahl älterer Kinder und Jugendlicher in der Heimerziehung bedürfen jedoch mehr und mehr »professionalisierter« Betreuungskräfte, die über ein hohes Maß an *Methodenkompetenz, Sozialkompetenz und persönlicher Kompetenz (siehe Skizze 4)* verfügen, um die vielfältigen Aufgaben, die psychosozialen Belastungsfaktoren, immer wieder aufkommende Enttäuschungen und Kränkungen möglichst lange Zeit aushalten zu können.

Methoden-kompetenz	Flexibilität
	Zielorientierung
	Improvisationsgabe
	Analysefähigkeit
	Selbständigkeit
	Entscheidungsfähigkeit
	Gewissenhaftigkeit

Durchsetzungsvermögen	
Kooperationsfähigkeit	
Begeisterungsfähigkeit	
Kommunikationsfähigkeit	**Sozial-kompetenz**
Kompromißfähigkeit	
Kritikfähigkeit	
Humor	
Aufgeschlossenheit	

Persönliche Kompetenz	Verantwortungsbereitschaft
	Leistungsbereitschaft
	Belastbarkeit
	Offenheit
	Initiativkraft
	Selbstvertrauen
	Kreativität
	Lernfähigkeit

4.1 Die Notwendigkeit und die Vorteile unterschiedlicher Professionen

Als wir im Dezember 1994/Januar 1995 unsere Überlegungen hinsichtlich der Einrichtung einer in der Institution Heim integrierten spezialisierten Betreuungsform für erheblich seelisch behinderte Kinder und Jugendliche aufnahmen, war uns aufgrund vorangegangener Erfahrungen in der Betreuung seelisch behinderter Kinder in den herkömmlichen Regelgruppen (Gruppengröße 8 Kinder) klar, daß eine spezialisierte Betreuungseinrichtung innerhalb unserer bestehenden Heimlandschaft auch durch für diese Arbeit besonders qualifizierte und berufserfahrene Fachkräfte geleistet werden mußte. Es soll in diesem Zusammenhang darauf hingewiesen werden, daß es einen erheblichen Teil von Kindern und Jugendlichen gibt, die als seelisch behindert definiert worden sind und sehr wohl im Rahmen herkömmlicher Heimunterbringung in Regelgruppen integriert und ausreichend gefördert werden können. Bei der Einrichtung einer spezialisierten Betreuungseinrichtung muß klar sein, für welchen Personenkreis innerhalb der seelisch behinderten jungen Menschen diese gedacht und als sinnvoll angesehen wird. In aller Regel sind dies junge Menschen, die auch nach einer langen vollstationären psychiatrischen Behandlungsphase noch als »behandlungsbedürftig« angesehen werden können, weil sie nach wie vor unter erheblichen psychischen Störungen leiden und sich durch ein instabiles psychisches Organisationsniveau auszeichnen. Als nur in spezialisierten Betreuungsformen integrierbare junge Menschen mit seelischen Behinderungen oder psychischen Erkrankungen seien z.B. genannt:
- Borderline-Patienten und ihre Spaltungsphänomene
- erheblich suizidale Jugendliche
- Kinder mit erheblich beeinträchtigter Beziehungsfähigkeit
- schwer sozial-aggressive Kinder/Jugendliche mit fehlender Selbstregulierung

- junge Menschen mit wahnhaften Störungen (schizophrene, schizoaffektive und chronifizierte Psychosen)
- junge Menschen mit erheblichen Zwangshandlungen und -gedanken
- junge Menschen mit schwerwiegenden Angstsyndromen und Magersucht

Es versteht sich von selbst, daß die genannten Störungen und Erkrankungsformen nicht losgelöst gesehen werden können, sondern in aller Regel mehrere ineinander übergehen. Auf dem Hintergrund dieser Überlegungen wird deutlich, daß die Betreuungs- und Erziehungsarbeit unter Berücksichtigung noch vorhandener Behandlungsbedürftigkeit jugendlicher Klienten nur im Zusammenwirken unterschiedlicher Berufsprofessionen erfolgen kann.

Seit Mai 1995 arbeiten in der bei uns eingerichteten *Intensivgruppe* zur Betreuung seelisch behinderter Kinder und Jugendlicher (4 Plätze koedukativ, 5 Vollkräfte + 1 Vorpraktikant)
1 Fachschwester Psychiatrie
1 Krankenschwester mit Ausbildung als Heilpädagogin
1 Dipl.-Kunsttherapeutin mit Grundberuf Erzieherin
1 Erzieher mit einer Werklehrerbefähigung
1 Dipl.-Sozialpädagoge

Alle fünf Mitarbeiter verfügen über eine Mindestberufserfahrung von 5 Jahren in der Arbeit mit psychisch kranken Kindern, in aller Regel aus der Kinder- und Jugendpsychiatrie.

Die Zusammensetzung unterschiedlicher Berufsbilder ermöglicht ein Zusammenrücken medizinisch-psychiatrischer Kenntnisse mit pädagogisch-therapeutischen Verfahren und trägt damit zu einer ganzheitlichen Sichtweise unterschiedlicher Störungs- und Krankheitsbilder bei, wobei die eine Berufsgruppe von der jeweils anderen im Erfassen und Verstehen komplexer Zusammenhänge und dem Anwenden entsprechender Hilfen und Interventionsmöglichkeiten partizipieren kann. Durch die dadurch ermöglichte differenzierte Betrachtung wird ein stimmiger pädagogischer Handlungsansatz unter Berücksichtigung notwendiger flankierender medizinischer/psychiatrischer Maßnahmen erlaubt. Gerade auf dem Hintergrund eines erhöhten Bedarfs an Psychohygiene, an gegenseitiger Stützung in der Arbeit, am Sich-gegenseitigen-tragen-und-getragen-wissen kann das multiprofessionale Team durch Selbstreflexion und Austausch und durch Supervision und Beratung weitaus mehr Selbstlösungskräfte und Ressourcen für Problembewältigung und neue Handlungsstrategien entwickeln.

Folgende Sichtweisen und Kenntnisse bringen unterschiedliche Fachkräfte mit:

Psychiatriefachschwester

– *anlagebedingte Faktoren von psychischen Störungen finden verstärkte Berücksichtigung*
– *Einblick und Kenntnisse unterschiedlichster psychischer Störungen*
– *Erfahrungen im Umgang mit Aggressionen*
– *Kenntnisse von Gruppenstrukturen*
– *Kenntnisse in der Verabreichung von Medikamenten und deren Dokumentation*
– *Selbstevaluation, Selbst- und Teamreflexion*
– *Auseinandersetzungs- und Konfliktlösungfähigkeit*

Krankenschwester mit Ausbildung als Heilpädagogin

– *Kenntnisse in der Verabreichung von Medikamenten und deren Dokumentation*
– *Kenntnisse organischer Erkrankungen*
– *Erste-Hilfe-Kenntnisse*
– *positive Einstellung zum Menschenbild auf der Grundlage anthropologischer Sichtweisen, ganzheitliche Sicht des Menschen in seinen Lebensvollzügen*
– *Kenntnisse heilpädagogischer Verfahren, wie z.B. Übungsbehandlungen, Psychomotorik, Rhythmik*

- Selbstevaluation, Selbst- und teamreflexion
- auseinandersetzungs- und Konfliktlösungsfähigkeit

Dipl.-Kunsttherapeutin mit Grundberuf Erzieherin

- Kenntnisse kunsttherapeutischer Verfahren
- Projekterfahrung
- Selbstevaluation, Selbst- und Teamreflexion
- psychiatrische Sichtweisen
- Kennen des Erziehungsalltages aus dem Heim
- Gruppenstrukturen
- Auseinandersetzungs- und Konfliktlösungsfähigkeit

Erzieher mit Werklehrerausbildung

- werktherapeutische Verfahren
- Selbstevaluation, Selbst- und Teamreflexion
- Kennen des Erziehungsalltages aus dem Heim
- Gruppenstrukturen
- psychiatrische Sichtweisen von Störungs- und Krankheitsbildern
- erzieherische Sichtweisen von Störungsbildern
- Projekterfahrung
- Auseinandersetzungs- und Konfliktlösungsfähigkeit

Dipl.-Sozialpädagoge

- Selbstevaluation, Selbst- und Teamreflexion
- Projekterfahrung
- psychiatrische Sichtweisen von Störungs- und Krankheitsbildern
- Verwaltungskenntnisse BSHG, KJHG, BBiG, BAFÖG etc.)
- Auseinandersetzungs- und Konfliktlösungsfähigkeit

Es soll hier nicht um die Idealisierung der genannten Berufsprofessionen gehen. Vielmehr soll darauf hingewiesen werden, daß langjährige Heim- und/oder Psychiatrieerfahrung und eine entsprechende Fachausbildung unbedingte Voraussetzung für die Arbeit mit erheblich seelisch behinderten jungen Menschen ist. Der jeweils eine Mitarbeiter lernt vom jeweils anderen. Das Aufeinanderbeziehen im Austausch, in der gegenseitigen Hilfestellung, in der Reflexion und kritischen Würdigung auch der unterschiedlichen Erziehungsstile ermöglicht erst einen organischen Ablauf erzieherischer und therapeutischer Handlungsvollzüge im Miteinanderleben und Voneinanderlernen.

4.2 Das Wissen um Störungen und Beeinträchtigungen aus kinderpsychiatrischer und sozial-/heilpädagogischer Sicht

Jegliche Bemühungen in der Arbeit mit erheblich beeinträchtigten und schwer belasteten jungen Menschen drohen ins Leere zu greifen, wenn sie auf theoretischen Konzepten beruhen, die nicht der Frage nach der Entstehung und dem Verlauf von unterschiedlichen erkannten oder auch nicht erkannten Störungen und Defiziten nachgehen.

Neben anlagebedingten und erbgenetischen Faktoren, wie z.B. die Hirnteilleistungsschwächen, die hyperkinetischen Syndrome, die eine seelische Behinderung in Entwicklung und Verlauf je nach Erziehungseinflüssen maßgeblich beeinflussen können, sind auch die Entwicklungs- und Sozialisationskriterien, mit denen Kinder und Jugendliche heute aufwachsen müssen, genau zu analysieren und zu hinterfragen. Nach wie vor wird vor allem in der Heimerziehung noch zu wenig Ursachenforschung über die vielfältigen Störungsbilder im Kontext ihrer gesamten Lebensvollzüge Familie, Clique, Schulbildung, Freizeit etc. betrieben. Dadurch gerät Heimerziehung immer wieder schnell an Grenzen, weil ohne »Verstehen« und »Nachspüren« von Störungen und Beeinträchtigungen der junge Mensch allzuschnell als »Problem« erkannt und ausgemacht wird und weniger seine eigenen Bedürfnisse und Sorgen, seine Ängste und Forderungen nach Grenzsetzung, sein Verlangen nach Verständnis und Auseinandersetzung als die eigentlichen Probleme im Erleben und Verhalten junger Menschen erkannt werden. Nur das Erkennen der Ursachen und der Entstehungsfaktoren für Störungen, die sich zu einer seelischen Behinderung entwickelt haben oder zu entwickeln drohen, läßt auch eine systemorientierte Sichtweise und, damit verbunden, den eigentlichen Hilfebedarf zum Vorschein kommen, um einerseits die *personale Integration* des jungen Menschen selbst und andererseits die *soziale Integration* des jungen Menschen in gesellschaftliche Lebensvollzüge wie Schule, Familie, Freizeit, Gruppe und Arbeitsleben zu garantieren.

Als wesentliche Sozialisationskriterien sind anzusehen:

Familienverband
– Anzahl der Geschwister
– Scheidungsfamilien
– Stieffamilienproblematik
– Disharmonie/Harmonie
– psychosoziale Belastungsfaktoren wie Arbeitslosigkeit, Schulden, Suchtkrankheiten

Wohnsituation
– enge Wohnverhältnisse
– Trabantensiedlungen
– überteuerte Wohnräume
– keine Intimsphäre
– Ghettoisierung

Bildungsstand
– der Eltern
– der Anverwandten
– des Kindes

Intellektuelle Mängel
– keine ausreichende Schulbildung
– Hilfsarbeiterdasein
– keine Ausbildung
– Einschränkung in der Artikulation

Schule/Berufsleben
– Leistungsmerkmale bestimmen den Wert des Subjektes
– schulische Standards
– Anpassungsdruck wächst

Kommen noch körperliche und geistige Einschränkungen hinzu und schränken die Selbstverwirklichungsbestrebungen des jungen Menschen ein, so kann sich, je nachdem, wie die genannten Sozialisationsinstanzen für das Kind/den Jugendlichen inhaltlich erlebt und gestaltet werden, die primären und sekundären Bedürfnisse befriedigt oder übergangen werden, eine erhebliche psychische Störung entwickeln und einen jungen Menschen mittel- und/oder langfristig behandlungsbedürftig und erziehungsbedürftig erscheinen lassen.

Der größte Teil der Kinder und Jugendlichen, die heute nach den Maßgaben der §§ 27, 34 und 35 a SGB VIII in Heimerziehung gegeben werden, fallen durch folgende Syndrome auf:

– Impulsivität
– Aggression
– Streunertum
– Fluchtverhalten
– delinquentes Verhalten
– Depression und Apathie
– Sucht

All diese Syndrome, zum erheblichen Teil auch als Dissozialitätssyndrome zu beschreiben, gehen überwiegend mit aggressiven Verhaltensweisen einher und lassen auch dadurch junge Menschen in erhöhtem Maße als zunächst behandlungsbedürftig und erziehungsbedürftig erscheinen *(siehe Skizze 5)*.

Aggression	Streunertum	Fluchtverhalten	Delinquenz	Impulsivität	Depression und Apathie	Sucht
gereizte Stimmung Bedrohung	Durchbrechen von Grenzen und Regeln	Ausweichen vor Streit und Konflikten	Bandenbildung Anschluß an Banden	Zunehmender Verlust an Selbstkontrolle	Sich zurückziehen Traurigkeit	Haschischkonsum Drogenhandel
Innere Unruhe und Angespanntheit Widerspruch	Träumer Freiheitsliebend	Verzweiflungstat als Vorstufe zu suizidalen Gedanken	Beherrschung von anderen	Mangelnde Selbstkontrolle	Suizidale Äußerungen als Vorstufe des Suizidversuchs oder dessen Vollendung	Wechselnde Stimmungslage zwischen Euphorie und Depression
Durchbrechen von Grenzen und Regeln	Verwahrlosungstendenz, (Kleidung, Frisur ...)	Geringe Frustrationsschwelle	Erpressungsversuche Diebstahl	Aufbrausen und losschreien Beschimpfungen	Selbstverletzungen durch Messer, Zigarettenglut etc.	Beschaffungskriminalität
Unkontrolliertes und kontrolliertes Zuschlagen	Strichertum	Suchtgefährdung	Schutzgelder	Innere Unruhe	Sucht	Mangelnde Konzentration
Bewaffnung mit Messer, Gaspistole, Schlagring etc.	Belastungsunfähigkeit				Suche nach Heilspredigern, Sektengefährdung	Leistungsabfall

Nach der Weiterentwicklung der diagnostischen Ordnungssysteme in der Psychiatrie wird heute die »Internationale Klassifikation psychischer Störungen« nach **ICD-10** (1991) zur Definition der »seelischen Behinderung« herangezogen. Hier wird unter anderem versucht, Störungs- und Verlaufsmuster unter Berücksichtigung entwicklungsspezifischer Gesichtspunkte psychischer Störungen des Kindes- und Jugendalters zu differenzieren und soziale Umstände *siehe Sozialisationsinstanzen unter 4.2)* als Belastungsfaktoren mit einzubeziehen *(Remschmidt und Schmidt, 1994)*.

Folgende Gliederung seelischer Behinderung wird durch den **ICD-10** vorgenommen:

F 0 Organische Störungen einschließlich symptomatische psychische Störungen

F 1 Psychische und Verhaltensstörung durch psychotrope Substanzen

F 2 Schizophrenie, schizotype und wahnhafte Störung

F 3 Affektive Störungen

F 4 Neurotische, Belastungs- und somatoforme Störungen

F 5 Verhaltensauffälligkeiten mit körperlichen Störungen oder Faktoren

F 6 Persönlichkeits- und Verhaltensstörung

F 7 Intelligenzminderung (überwiegend im Konstrukt der geistigen Behinderung oder Grenzbereich zur geistigen Behinderung)

F 8 Entwicklungsstörungen

F 9 Verhaltens- und emotionale Störungen mit Beginn in der Kindheit und Jugend

Als wesentliche Störungen seien folgende etwas genauer beschrieben:

F 4 Neurotische, Belastungs- und somatoforme Störungen

Darunter werden erfaßt Angst- und Panikstörungen unterschiedlicher Art, Zwangsstörungen, Reaktionen auf schwere

Belastungs- und Anpassungsstörungen und dissoziative Störungen, auch als Konversionsstörung umschrieben.

F 8 Entwicklungsstörungen

Darunter werden erfaßt Störungen (Entwicklungsverzögerung) der Sprache und des Sprechens, eine erworbene Aphasie und Epilepsie, Lesestörung, Rechtschreibstörung, Rechenstörung sowie andere Entwicklungsstörungen schulischer Fertigkeiten. Zunehmende Bedeutung erhalten in vergangener Zeit tiefgreifende Entwicklungsstörungen wie frühkindlicher Autismus (oftmals lange Zeit unerkannt), atypischer Autismus, desintegrative Störungen des Kindesalters, Asperger-Syndrom, Intelligenzminderung und Bewegungsstereotypien.

F 9 Verhaltens- und emotionale Störungen mit Beginn in der Kindheit und Jugend

Hierunter fallen alle hyperkinetischen Störungen, z.b. Aktivitäts- und Aufmerksamkeitsstörungen, Aufmerksamkeitsdefizitsyndrome, hyperkinetische Störungen des Sozialverhaltens, Störungen des Sozialverhaltens auf den familiären Rahmen bezogen, Störungen des Sozialverhaltens bei fehlenden sozialen Bindungen oder vorhandenen sozialen Bindungen, Störungen des Sozialverhaltens, einhergehend mit aufsässigem oder oppositionellem Verhalten sowie kombinierte Störungen des Sozialverhaltens mit Emotionen, wie z.B. Störungen des Sozialverhaltens mit depressiver Störung (Subdepression, erhebliche Stimmungsschwankungen etc.). Als weitere Störungen fallen darunter emotionale Störungen des Kindesalters, einhergehend mit Trennungsangst, phobische Störungen des Kindesalters, generalisierte Angstzustände und Angststörungen, emotionale Störungen mit Geschwisterrivalität sowie Störungen sozialer Funktionen wie selektiver Mutismus, Bindungsstörungen und Bindungsstörungen mit Enthemmung, die unterschiedlichen Formen von Tic-Störungen sowie Verhaltens- und emotionale Störungen mit Beginn in der Kind-

heit, wie z.B. Enuresis, Enkopresis, und als weitere die Futter-
störung im frühen Kindesalter sowie Stottern und Poltern.

Wenigstens 70 Prozent der Kinder und Jugendlichen, für die
Hilfe zur Erziehung nach § 27 SGB VIII in Verbindung mit
Heimerziehung nach § 34 SGB VIII angezeigt und eingeleitet
wurde, wiesen die näher beschriebenen Störungen auf, die im
Rahmen eindeutiger psychiatrischer Abklärung in aller Regel
nach einer mehrwöchigen bis mehrmonatigen Behandlung in
einer Kinder- und Jugendpsychiatrie diagnostiziert wurden.
Somit wird deutlich, daß Heimerziehung sich schon immer
seelisch behinderten oder von seelischer Behinderung bedrohten Kindern und Jugendlichen angenommen hat, aber in
den wenigsten Fällen zur Bewältigung der damit verbundenen Erziehungs- und Behandlungsaufgaben sowie in der Bereitstellung notwendiger personeller und therapeutischer
Ressourcen in der Lage war. Von daher ist der schier unerträg-
lich gewordene Psychiatrie- und Verlegungstourismus auch
unter Punkt 8.1 ausführlicher beschrieben) schwieriger und
schwierig gewordener Jugendlicher innerhalb der stationären
Jugendhilfe auch zu begründen und nachzuvollziehen.

So fallen z.B. *(siehe Skizze 5)* die unter **Aggression** genannte
Störung »Gereizte Stimmung und Bedrohung« und die unter
Impulsivität genannte Störung »Beschimpfungen und innere
Unruhe« unter die in **F 9** aufgeführten Verhaltens- und emotionalen Störungen. Konkret würde ein solches Verhalten
nach **ICD-10** als **»Störung des Sozialverhaltens mit oppositionellem und aufsässigem Verhalten«, F 91.3**, klassifiziert.

Als weiteres Beispiel würden die unter **Depression und Apathie** genannte Störung »Rückzug und Traurigkeit« und die unter
Sucht genannte Störung »Wechselnde Stimmungslage zwischen
Euphorie und Depression« nach **ICD-10** als **»Angst und depressive Reaktion gemischt«, F 43.22,** und als **»Reaktion auf schwere Belastungsfaktoren mit gemischter Störung von Gefühlen
und Sozialverhalten«, F 43.25,** bezeichnet.

Anhand der gemachten Beispiele wird deutlich, daß eine gereizte Stimmung, Abwehr und Gegenreaktion eines Jugendlichen mitunter die Folge einer emotionalen Störung des Sozialverhaltens auf dem Hintergrund erlebter Enttäuschungen sein kann. Weiter kann eine geringe Frustrationstoleranz, unkontrolliertes und/oder kontrolliertes Zuschlagen eines jungen Menschen die Folge einer vorliegenden hyperkinetischen Störung des Sozialverhalten sein auf dem Hintergrund bisher nicht erlernter Bewältigungsstrategien überschüssiger und angestauter Energie.

Ebenso können Kinder mit Rückzugstendenzen und stereotypen Verhaltensmustern sowie irrealen Vorstellungen, aber einer durchaus guten Intelligenz einen Hinweis auf autistische Persönlichkeitsstörungen (Asperger-Syndrom, F 84.5) geben.

Bei den aufgeführten psychiatrischen Klassifikationskriterien und den aus sozialpädagogischer und heilpädagogischer Sicht erwähnten Verhaltenssymptomen handelt es sich nur um einen Ausschnitt vielfältiger Formen und Verlaufsbilder psychischer Störungen und Beeinträchtigungen sowie unterschiedlicher Störungen des Sozial- und Emotionalverhaltens oder grundlegender Entwicklungsstörungen. Es wird aber für die künftige Arbeit mit psychisch kranken und seelisch behinderten Kindern und Jugendlichen wichtig sein, daß der Heimerzieher oder Heilerziehungspfleger weiß, was der Arzt, Psychiatriefachpfleger oder psychiatrieerfahrene Heilpädagoge mit »kombinierten Störungen des Sozialverhaltens mit Emotionen« oder dem Begriff der »Erschöpfungsdepression« meint. Umgekehrt soll der psychiatrisch erfahrene Heilpädagoge oder auch Arzt die Beschreibung unterschiedlicher Störungs- und Auffälligkeitsbilder aus pädagogischer Sicht ernstnehmen und in seine weiteren Überlegungen der Hilfeplanung mit einbeziehen. Nur im ständigen Prozeß des Sich-gegenseitigen-»Erklärens«, des Zusammentragens von Begriffsbestimmungen, im Aufeinanderbezogensein durch pädagogisches Alltagserleben, wo erzieherische Momente neben denen der psychiatrischen und medizinischen Äquivalenten einen gleichwertigen Platz einnehmen dürfen, wird ganzheitliche Betreuungsarbeit unter dem Aspekt interdisziplinärer Kooperation und Abstimmung gewährleistet.

4.3 Fachlichkeit und Berufserfahrung als Voraussetzung intuitiven Erfassungsvermögens

Dieser Aspekt scheint aus folgenden Gründen eine kurze Abhandlung wert, da, wie mittlerweile deutlich geworden ist, junge Menschen mit erheblichen psychischen Problemen in der Konfrontation mit realen Gegebenheiten sich oft auf festgefahrene und bisher bewährte Verhaltensmuster zurückziehen. Stellen wir auch nochmals fest, daß seelisch beeinträchtigte junge Menschen äußerst sensibel auf Veränderungen in ihrem sozialen und emotionalen Umfeld reagieren und belastende Faktoren, ob innerfamiliär oder außerfamiliär begründet, einen enormen »Rückkoppelungseffekt« haben und in der Artikulation ihrer Wünsche, ihrer innerpsychischen Bedürfnisse nach Grenzsetzung, Anlehnung, Schutz und Anleitung eingeschränkt sind. Aufgrund dieser Einschränkungen greifen solche jungen Menschen auf recht unterschiedliche Formen der Mitteilung ihrer »seelischen Mängel« und »Problemlagen« zurück. In unserer Einrichtung konnten wir ganz konkret die Erfahrung machen, daß junge Menschen durch ein hohes Maß an innerer Unruhe, durch Unkonzentriertheit und durch starke Rückzugstendenzen, aber auch teilweise durch erhebliche, aus einer inneren Verzweiflung heraus begründbare autoaggressive oder auch fremdaggressive Verhaltensweisen reagierten.

In solchen Krisenzeiten im Erleben und Verhalten griffen junge Menschen immer wieder auf die »Sprache der Bilder« und auf »schriftliche Botschaften« zurück. Zumeist waren diese Bilder oder auch Briefe verschlüsselte Botschaften und Ausdrucksform »innerer Zerrissenheit und tiefer Verzweiflung« und ein Hinweis darauf, daß sich der Zustand des jungen Menschen dramatisch zuzuspitzen drohte und die Betreuer sich auf einen krisenhaften, länger andauernden Verlauf einstellen mußten.

In einem Fall handelte es sich um ein 16jähriges Mädchen, das nach über zweijährigem Psychiatrieaufenthalt in unserer Einrichtung aufgenommen worden war. Hanna (der Name wurde geändert) war uns vor der Aufnahme als noch in Krisenzeiten durchaus suizidal geschildert worden, wobei in den letzten Monaten vor Entlassung suizidale Handlungen durch suizidale Gedanken und Androhungen abgelöst worden waren.

In unserer spezialisierten Betreuungseinrichtung verhielt sich Hanna zunächst sehr unauffällig, lebte zurückgezogen in ihrem Zimmer und war für gruppenpädagogische Angebote oder auch Einzelstunden nur schwer erreichbar. Nach ca. 7 Wochen fiel den Betreuern auf, daß in Hannas Zimmer ein aus Papier gefertigtes Skelett mit einem Wollfaden um den Hals an der Zimmerdecke hing. Gleichzeitig wurden selbstangefertigte Bilder an der Zimmerwand bemerkt, auf denen vom »Kuchenbacken« erzählt wurde und von »drei unterschiedlichen Rezepten«, die einen Erfolg garantieren sollten. In der Verbindung dieser zwei Ereignisse war den Betreuern bewußt, daß dies Hinweise auf suizidale Gedanken und möglicherweise sogar auf einen bevorstehenden Versuch war. Also galt es, das Betreuungssetting für Hanna entsprechend zu gestalten. Erst in Verbindung mit einem Suizidversuch (möglicherweise appellativen Charakters) durch das einnehmen eines Gemisches aus Wodka, Salz, Pfeffer und Lack und den sich anschließenden Gesprächen mit Hanna entstand ein schlüssiges Bild.

»Kuchen backen« bedeutete »Ich bringe mich demnächst um«.
    Die drei Rezepte standen für drei unterschiedliche Formen des Umbringens, nämlich die des Totsaufens, des Aufhängens und die des Öffnens der Pulsadern. Da Hanna durch das Skelett das »Aufhängen« bedeutete und dann doch das »Totsaufen« wählte, kann als bewußte Irreführung der Betreuer oder aber als Angst vor der Endgültigkeit interpretiert werden. Letzteres stellte sich in der Bearbeitung dieses Vorfalles heraus. Diese Form der Botschaften hat sich Hanna bis heute vorbehalten, wenngleich Krisenzeiten weitaus weniger auftreten, als dies in den ersten 6 Monaten des Aufenthaltes bei uns der Fall war.

In einem zweiten Fall handelte es sich um den 16jährigen Georg (Name geändert), der die Scheidung seiner Eltern und die spätere Heirat seiner Mutter, zu der er eine symbiotische Beziehung aufgebaut hatte, nie verkraften konnte. Wie bei der Mutter war auch bei Georg eine depressive Grundstörung feststellbar, und infolge der Trennung von der Mutter, die sich für den neuen Partner entschieden hatte, lag ein schwer gekränktes ICH und ein äußerst negatives Selbstkonzept vor. Georg reagierte auf sachliche Kritik an Fehlverhaltensweisen äußerst sensibel, fing sofort an zu weinen, drohte mit Weglaufen oder zog sich schnell in sein Zimmer zurück. Wir erlebten Georg gespalten in seiner Aktualisierungstendenz, einerseits die Mutter lieben zu wollen, sie jedoch nicht lieben zu können, da sie ihn enttäuscht und wegen des neuen Partners verlassen hatte. Georg wies sich selbst die Rolle des »Versagers« und des »Schuldigen« zu, der zu wenig für die Mutter getan und nicht um sie gekämpft hatte. Gekennzeichnet war der gesamte Aufenthalt Georgs durch latente Selbstmordphantasien, durch Infragestellen seiner gesamten Persönlichkeit und Abwertung seines ICHs. Diese negative Persönlichkeitsstruktur äußerte sich in aufkommenden Krisenzeiten durch eine Flut an Bildern, die er sorgfältig in seinem Regal sammelte und zugänglich für seine Betreuer aufbewahrte. Auch verfaßte er Texte, in denen er »ihn prägende« Situationen schilderte. Die Bilder und Texte gaben so den Betreuern stets Hinweise darauf, wie sich Georg fühlte, wie er lebensalltägliche Anforderungen und Belastungssituationen aufnahm (siehe nachfolgende Bilder und Texte).

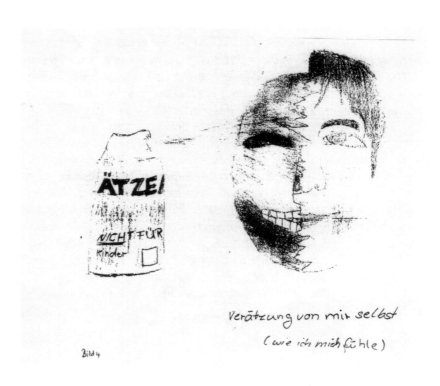

Verätzung von mir selbst
(wie ich mich fühle)

Bild 4

70

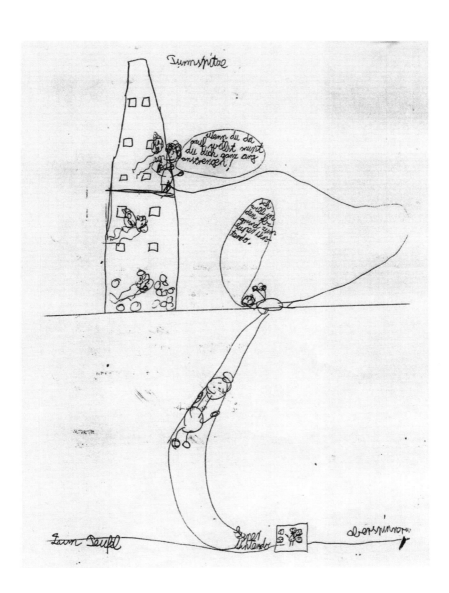

71

Ein schwieriges Amt

Kuli der Klasse?

Man hatte mich zu Beginn des Schuljahres zum Klassensprecher gewählt, und ich war mächtig stolz darauf, dieses Amt vor einigen

Gegenkandidaten errungen zu haben. Eifrig bemühte ich mich, gegenüber meinen Mitschülern und den Lehrern meiner neuen Aufgabe gerecht zu werden. Doch dann nach einiger Zeit merkte das man mich einfach ausnutzte. Ich wurde zum Kuli der Klasse. Für ungerecht empfunde Noten mußte ich mich. zum Iren Fußstapfer der wesche. Ich mußte die ernsten Dreckarbeiten machen. Ich machte sogar Selbstmord, weil sie es mir befahlen. Sie sagten: wir wollen das du tot bist, weil wir dich nicht leiden können. Doch machte ich Selbstmord. Jetzt bin ich tot. Tja leider.

Tja das wars dann wohl. Tschüs das wars dann wohl. Bis zum nächsten Mal.

Ende Ende Ende Ende Ende Ende

Ein schwieriges Amt
Kuli der Klasse?

Man hatte mich zu Beginn des Schuljahres zum Klassensprecher gewählt, und ich war mächtig stolz darauf, dieses Amt vor einigen Gegenkandidaten errungen zu haben. Eifrig bemühte ich mich, gegenüber meinen Mitschülern und den Lehrern meiner neuen Aufgabe gerecht zu werden. Doch dann nach einiger Zeit merkte das man mich einfach ausnutzte. Ich wurde zum Kuli der Klasse. Für ungerecht empfunde Noten mußte ich mich zum Irren Fußstapfer der Woche. Ich mußte die reinsten Drecksarbeiten machen. Ich machte sogar Selbstmord, weil sie es mir befahlen. Sie sagten: wir wollen das du tot bist, weil wir dich nicht leiden können. So machte ich Selbstmord. Jetzt bin ich tot. Tja leider. Tja das wars dann wohl Tschüs das wars dann wohl. Bis zum nächsten Mal.
Ende Ende Ende Ende Ende Ende

Manfred, 13 Jahre
5. Klasse, Schule für Erziehungshilfe

Schon *A. Mehringer* stellt fest, daß Zeichnen und Malen Therapie einerseits und Diagnose andererseits sein kann. Der junge Mensch drückt sich anhand verschlüsselter Botschaften in Form von Bildern und Texten aus. Er erfährt dadurch Entlastung und kann sich möglicherweise kurzzeitig Druckentladung verschaffen, gleichzeitig gibt er den Betreuern, den Erwachsenen um ihn herum Hinweise: »Seht her! Nehmt mich wahr! Haltet mich!« und »Ihr müßt euch jetzt sehr stark um mich kümmern.« *(vgl. A. Mehringer, Eine kleine Heilpädagogik, Reinhard, 1987).*

Mir ist bewußt, daß gerade psychisch gestörte Persönlichkeiten durch solche verschlüsselten Botschaften die in Betreuungsverantwortung stehenden Mitarbeiter auch erheblich psychisch strukturieren und enorme Energie auf sich, und dadurch gleichzeitig weg vom Rest einer Gruppe ziehen können. Diese Prozesse müssen rechtzeitig erkannt und in gemeinsamen Fallbesprechungen analysiert und die damit oftmals drohende Handlungseinschränkung thematisiert werden. In meiner Einrichtung konnte ich ganz konkret die Erfahrung machen, daß Mitarbeiter und Mitarbeiterinnen mit eigenem familiären Hintergrund, vor allem jene, die ihre eigenen Kinder schon großgezogen haben, sehr intuitiv und einfühlsam solche innerpsychischen Erlebnisinhalte psychisch gestörter junger Menschen begleiten konnten, ohne sich dadurch zu sehr in ihrer Erziehungshaltung, in ihrer Klarheit und begründeten Grenzsetzung einschränken zu lassen.

Mitarbeiter aus psychiatrischen Arbeitsfeldern durchschauen solche Prozesse eher als Mitarbeiter aus rein sozialpädagogischen Arbeitsfeldern wie Kindergarten, Hort oder Berufseinsteiger in der Heimerziehung. Mitarbeiter, die ausschließlich glauben, nur durch eine intensive Beziehung, welche von tiefem Vertrauen und von Kameradschaftlichkeit geprägt ist, seien junge Menschen mit Persönlichkeitsstörungen erreichbar, sehen sich schnell getäuscht. Seelisch behinderte junge Menschen verleiten gerade junge, unerfahrene Mitarbeiter dazu, in »Beziehungsfallen« zu ihnen zu treten, aus denen sie sich dann aus eigener Kraft nicht mehr befreien können. Die Trennung, die Herausnahme aus einer solch engen Beziehung, die auf falschen Hoffnungen beruhte, kann dann zu erheblichen narzißtischen Kränkungen und destruktiven Handlungen des jungen Menschen dem Betreuer gegenüber führen und schon eingeleitete Hilfeprozesse erheblich gefährden.

Welche Konsequenzen ergeben sich dadurch für die Fachlichkeit der in Betreuungsverantwortung stehenden Mitarbeitern? Klar muß sein, daß Betreuer keine pädagogischen und therapeutischen Überflieger sein können. In der Arbeit mit psychisch beeinträchtigten und seelisch behinderten jungen Menschen bedarf es eines Teams unterschiedlicher Berufsprofessionen, welches durch klare Aufgabenteilung gekennzeichnet ist *(siehe hierzu: Punkt 4.1)*. Deutliches Selbstverständnis unterschiedlicher Berufsgruppen (Erzieher, Sozialarbeiter, Heimerziehungspfleger, Heilpädagogen oder Psychiatriefachpfleger) muß es sein, die eigene Berufsgrenzen zu verlassen, um sich den Erfordernissen und Kenntnissen der jeweils anderen Berufsgruppe zu öffnen, voneinander zu lernen, um ineinandergreifende Aufgaben im Spannungsfeld zwischen Pflege, Erziehung, Betreuung, Therapie und Medikation immer selbständiger übernehmen zu können. In der Betreuungsarbeit mit seelisch behinderten jungen Menschen sind daher folgende Qualifikationen oder die Bereitschaft, sich nach und nach entsprechende Qualifikationen anzueignen, unverzichtbar.
- positive Einstellung zum Menschenbild im humanistischen Sinne
- eine pädagogische/Therapeutische Grundausbildung
- eine entsprechende Berufserfahrung von mindestens 3-5 Jahren in einem vollstationären Arbeitsfeld der Jugendhilfe oder Psychiatrie
- Erfahrung in der Arbeit mit psychisch kranken und/oder sozialaggressiven, emotional gestörten Persönlichkeiten
- die Einsicht, sich auf eine intensive Supervisionsarbeit in der Praxis einzulassen und sich Fortbildungsangeboten zu öffnen

- Kenntnisse der in der Region verteilten ambulanten und stationären Dienste, wie Beratungsstellen, Kliniken, Ärzte, Einrichtungen etc.
- interpersonale Basisqualifikation, um sich möglich werdender Übertragungs- und Gegenübertragungsprozesse klar zu werden, ein kritisches Verhältnis zu Nähe und Distanz zu entwickeln, mit Kränkungen und Verletzungen umzugehen, eigene Grenzen, Möglichkeiten und Unmöglichkeiten anzuerkennen und sich einer kritischen Würdigung der eigenen Arbeit zu stellen.
- Kenntnisse der Einrichtungen, die eine schulische und berufliche Integration sicherstellen und anbieten können
- Sprach- und Handlungskompetenz
- Ideenreichtum und Tatendrang unter Berücksichtigung didaktisch-methodischer Planungsverläufe
- Bereitschaft, sich auf belastende, unübliche Arbeitszeiten (Tag- und Nachtschichtdienst) einzulassen
- Bereitschaft, gewachsene Strukturen mitzutragen, um den Klienten haltgebende Rahmenstrukturen zu bieten
- Entwickeln einer eigenverantwortlichen und mit dem Team abgestimmten Arbeitsorganisation, orientiert an den Bedürfnissen der Klienten und in Anlehnung an die im Hilfeplan festgelegten Ziele und Schwerpunkte

Dieses Anforderungsprofil berührt einerseits sehr stark das Selbstverständnis der »erziehenden Person«. Sie muß diese Arbeit gerne tun, nicht um ihrer selbst willen, sondern in erster Linie aus der lebendigen Erkenntnis heraus, daß es lohnenswert sein kann, gestrauchelten, verletzten und erkrankten jungen Menschen auf dem Weg ins Leben zu helfen. Andererseits wird die berufliche Qualifikation angesprochen, die es ermöglichen soll, Menschen mit ihren Störungen und Defiziten zu verstehen und ihnen entsprechende fachlich-therapeutisch-erzieherische Hilfestellungen zur Überwindung eingetretener Beeinträchtigungen und Benachteiligungen zu bieten. Erst die Verbindung menschlicher und beruflicher Basisqualifikation sorgt auch für eine harmonische und personale Integration des Betreuers.

4.4 Das multiprofessionale Team als funktionales Gebilde im Prozeß hoher Reflexionsbereitschaft und Auseinandersetzungsfähigkeit

Seit jeher hat Erziehung schwer persönlichkeitsgestörter junger Menschen die Notwendigkeit klar strukturierter Lebensräume deutlich werden lassen. Schon *Paul Moor,* der große Schweizer Heilpädagoge, spricht von der Bedürftigkeit behinderter und beeinträchtigter Menschen nach einer *»haltgebenden Umgebung«,* und der Umgang mit struktopathischen Jugendlichen zeigt uns alltäglich, wie sehr diese nach *innerem Halt* bedürftigen Jugendlichen nach einem *äußeren Halt,* nach Grenzsetzung suchen, der durch die Erzieher und Pfleger geboten werden muß.

Erwachsene, hier: Betreuer, stehen somit in einem permanenten Spannungsprozeß zwischen Forderung, Grenzsetzung und haltgebender Orientierung einerseits und Anteilnahme, Verständnis und notwendiger Empathie andererseits. Erwachsene stehen auch ständig unter Beschuß, sehen sich und ihr TUN massiv in Frage gestellt. Diesem Umstand ist es zu verdanken, daß der Betreuer in der Arbeit mit persönlichkeitsgestörten, psychisch beeinträchtigten Jugendlichen sich ständiger Kritik, verbaler Angriffe und auch destruktiver Handlungsweisen ausgesetzt sieht, weil er es mit Klienten zu tun hat, die über ihre Persönlichkeit reflektieren können, die jedem Beziehungsangebot, jeder Offerte gegenüber äußerst mißtrauisch begegnen und dahinter zweckbestimmte, persönlichkeitsbrechende oder einschränkende Versuche des Erwachsenen vermuten.

Diese immanente Dauerspannung führt schnell zu Zuständen des Ausgebranntseins, zu Resignation, aber auch zu Übertragungs- und Gegenübertragungsprozessen.

Vor allem junge Menschen mit einer Borderline-Symptomatik versuchen Betreuerteams in »gut« und »böse« zu teilen. Solche Patienten scheinen es geradezu zu erspüren, welche Betreuer sich als »Lieblingserzieher« eignen und sich auf diese ihnen zugedachte Rolle einlassen. Gerade aus dem Bedürfnis des Betreuers heraus, bei den Kindern gut anzukommen, Erfolg in der Betreuungs- und, damit verbunden, Beziehungsarbeit zu haben, laufen solche Betreuer Gefahr, die wichtige kritische Distanz zum Klienten zu verlieren. Kollegen wiederum, die in ihrer Haltung klar und verständlich, emotional sehr wohl mitschwingungsfähig sind, aber doch den gebotenen Abstand halten können, die Handlungen und Absichten des Patienten erkennen und ansprechen, auch sachliche Kritik auf der Inhaltsebene anbringen, werden eher als »böse« Kollegen verschrien und auch als »Bedrohung« des psychischen Organisationsniveaus des Patienten-Ichs erlebt. Fatal für die Erziehungsarbeit und für die Teamarbeit wird ein solcher Prozeß dann, wenn ein Erzieher so lange Erfolg in der Arbeit mit einem Borderline-Patienten haben darf, solange der Betreuer dem Bild des Patienten entspricht, währenddessen andere Kollegen nur Mißerfolge haben und ihnen ein »Rankommen« an diesen jungen Menschen versagt bleibt. Daß solche Prozesse, die längere Zeit nicht angesprochen werden, vielleicht, weil sie nicht erkannt werden oder weil man sich vor Konflikten scheut, einzelne Mitarbeiter frustriert und resignieren läßt, versteht sich von selbst. Geht man davon aus, daß wenigstens die Hälfte aller Kinder und Jugendlichen auch Spaltungsphänomene entwickelt haben, wird deutlich, daß in der Arbeit mit eben diesen jungen Menschen ein hohes Maß an innerer und nach außen hin sichtbarer Reflexionsbereitschaft bei allen im Team vorhandenen Berufsgruppen vorhanden sein muß. Daß diese Spaltungsphänomene auch Schutzschilder für die kindliche Psyche sind und Ausdruck des Verstehenwollens interaktionaler Zusammenhänge sind, muß den in der Betreuungsarbeit Tätigen klar sein.

Mit diesen Bemerkungen will ich auf die Schwierigkeiten der Vermittlung von Verstehen und von Zusammenhängen verweisen, derer wir uns immer wieder bewußt werden müssen. Es kommt in der Beziehungsarbeit sowohl mit Kindern und Jugendlichen als auch mit Kollegen im besonderen auf die Darstellung von Zusammenhängen für entstandene Störungen und dysfunktionale Entwicklungen an.

Die interpersonale Diskussion ist demnach auf Abstand von der eigenen sogenannten Gewißheit, d.h. auf Öffnung für die Position des anderen, angewiesen. Nichts ist dem klärenden Gespräch also abträglicher als das Durchsetzenwollen der eigenen Position und ideologischen Gewißheiten gegen andere *(vgl. O. Speck, 1987)*.

Es bedarf demnach einer gesunden Streit- und Auseinandersetzungskultur, wo Menschen miteinander lernen, nicht nur auf eigenen Erfolgen und Einstellungen in der Arbeit zu beharren, sondern ihre Resultate den anderen zur Verfügung zu stellen und sich für Erfahrungen und Einstellungen zu öffnen. In diesem Prozeß des Aufeinanderbezogenseins, des Austausches und Imgesprächbleibens der zur Verfügungstellung eigener Thesen und Erkenntnisse erwachsen erst Widerstandskräfte gegen alltägliche Anfeindungen und Kränkungen in der Arbeit mit psychisch kranken jungen Menschen und lassen erst so ein Betreuerteam als funktionales Gebilde erscheinen. Und erst das funktionale Team kann haltgebende und orientierungsstiftende Strukturen bieten, wo langfristig Sicherheit anstelle von Unsicherheit tritt, wo die persönliche Kränkung eine Gegenkränkung nicht nötig hat, wo Versagungen und Enttäuschungen ertragen werden und sogar Nutzen und neue Überlegungen für das weitere Handeln herausgezogen wird.

4.5 Die Sicherstellung der Psychohygiene für das Betreuer-team durch den Träger

Nach wie vor leidet die stationäre Jugendhilfe immer noch unter einem starken Personalwechsel, vor allem im Bereich der Betreuungs- und Erziehungsarbeit.

Gerade in der Arbeit mit beziehungsanfälligen, bindungs-unwilligen und beziehungsängstlichen Jugendlichen hängt der Erfolg der Erziehungsarbeit im wesentlichen von der Dauer und Kontinuität einer klaren, für den jungen Menschen in der Erwachsenenperson liegenden empathischen Erziehungshaltung ab, die vor allem die Regulierung der Beziehung von Nähe und Distanz nicht ausschließlich dem Patienten/Klienten überläßt. Der Zustand des »Burn-out«, des »Ausbrennens«, in der Beziehungs- und Erziehungsarbeit mit erziehungsschwierig gemachten jungen Menschen ist mit die Hauptursache für vorzeitiges Resignieren und Aufgeben gerade junger Erzieher und Sozialarbeiter. So kann man heute von einer durchschnittlichen Verweildauer eines Erziehers von 3,4 Jahren, eines Sozialpädagogen von 2,3 Jahren ausgehen. Unter Punkt 4.3 habe ich auf die menschliche und fachliche Basisqualifikation der in Erziehungsverantwortung stehenden Betreuer hingewiesen. Und das psychische Organisationsniveau von seelisch beeinträchtigten jungen Menschen fordert ein hohes Maß an reflektierter, distanzierbarer und doch empathischer Haltung, die nur durch eine intensive Supervisionsarbeit, durch eine gezielte Teamarbeit und in Anspruch zu nehmende Fortbildung aufrechterhalten werden kann.

Durch die Supervisionsarbeit soll
- zu methodischem Handeln angeregt werden: Es werden Wege aufgezeigt, wie die Ziele im Rahmen der Helferkonferenz verwirklicht werden können,
- die Zielsetzung geklärt und auf ihre Realisierbarkeit überprüft werden: die Klärung wird bestimmt von Wünschen und Erwartungen der Patienten/Klienten, von der Art ih-

rer Störungen und Beeinträchtigungen, von den Medien und Mitteln, die für diese Arbeit aufgewandt und mobilisiert werden können, vom Können des Betreuers und Therapeuten und von der Zeit, die für die Hilfe bleibt. In diesem Zusammenhang ist es wichtig, darauf hinzuweisen, daß in erster Linie die am Hilfegeschehen Beteiligten, wie Betreuer, Ärzte, Therapeuten, Eltern und Sozialarbeiter des ASD, in einem Abstimmungsprozeß die Erziehungs-, Behandlungs- und Betreuungsbedürftigkeit des jungen Menschen zu definieren haben, ohne den jungen Menschen mit seinen Sorgen zu übergehen,

– Fachwissen vermittelt werden: Denn Fachwissen ermöglicht das Stellen von Diagnosen, verhilft zu Zusammenhängen von Entwicklungsverläufen und Störungen und verhilft dadurch zur Entwicklung angemessener Erziehungspläne für den einzelnen und für die Gruppe *(vgl. Definition Diakonische Akademie, 1975, ent. Handlungsfeld: Heimerziehung, Müller-Schöll/Priepke, Katzmann, 1982).*

Durch heiminterne und externe Fortbildungsangebote sollen

– die Sozial-, Ich- und Handlungskompetenz der Mitarbeiter im Erziehungsdienst erweitert und ausgebaut werden. Den Mitarbeitern muß das Weiterwachsen durch Angebote geeigneter Fortbildungsmaßnahmen leichter gemacht werden.

– die fachlichen Basisqualifikationen der Betreuer ausgebaut werden, um einerseits neue Sichtweisen und Haltungen zu unterschiedlichen »Behinderungsformen« und »Verhaltensauffälligkeiten« zu entwickeln, andererseits entsprechende Handlungsansätze und zielorientierte Konzepte für die Erziehungsplanung anzusetzen.

– neue Behandlungs- und Erziehungskonzepte vermittelt, Austausch von Erfahrungen ermöglicht und andere Arbeitsfelder (Pädiatrie, Psychiatrie, Medizin, Soziologie) kennengelernt werden.

5.0 Die Notwendigkeit differenzierter Hilfeplanung nach § 36 SGB VIII und die sich daraus ableitende Notwendigkeit enger Absprachen, ständiger Überprüfbarkeit, funktionierender Informationsflüsse und persönlicher Aufeinanderbezogenheit

Der § 36 SGB VIII regelt die Verpflichtungen des jeweils zuständigen Jugendamtes bei der Gewährung und Durchführung von Hilfen zur Erziehung nach § 27 ff. SGB VIII und die Partizipation und Kooperation aller am Hilfeprozeß beteiligten Institutionen und Personen wie Eltern, Kinderpsychiatrie, junger Mensch, Jugendamt, Schule und freier Jugendhilfeträger. Mit der Hineinnahme des § 35 a SGB VIII »Eingliederungshilfe für seelisch behinderte junge Menschen« hat der § 36 SGB VIII »Hilfeplanung« eine völlig neue Dimension erhalten, die einerseits durch die Anspruchsgrundlage und die damit verbundene Anspruchsberechtigung des jungen Menschen auf Eingliederungshilfe und in der dadurch notwendig gewordenen, gezwungenermaßen nicht zu umgehenden Kooperation der bisher auf Abgrenzung bedachten Disziplinen Kinder- und Jugendpsychiatrie und Jugendhilfe begründet liegt. Die vor allem in § 36 Abs. 3 SGB VIII getroffene Entscheidung, daß das Vorliegen einer seelischen Behinderung auf dem Hintergrund einer diagnostizierten psychischen Störung nur von einem Facharzt getroffen werden kann, hat Jugendämter verunsichert und natürlich nicht helle Begeisterung geweckt, sieht sich das Jugendamt hier unberechtigterweise genötigt, einer einmal festgestellten psychischen Störung und der damit drohenden oder eingetretenen seelischen Behinderung entsprechende und z.T. kostspielige Eingliederungs- und Integrationshilfen folgen zu lassen. Zu schnell wird allerdings vergessen, daß der Gesetzgeber nach wie vor dem Jugendamt die Federführung bei der Planung, Koordination, Überprüfung und Auswahl der Maßnahmen und entsprechenden Hilfen überläßt. *J.M. Fegert* sieht in dieser Regelung sogar Vorteile, weil dieses Tandemmodell beide unterschiedlichen Professionen zur Kooperation zwingt. Die Kinder- und Jugendpsychiatrie muß künftig den Kostenträger über wünschenswerte und notwendige Maßnahmen informieren und hierfür Überzeugungsarbeit leisten. Das Jugendamt hat sich der fachlichen Diskussion über Sinn und Notwendigkeit entsprechender Hilfen zu stellen und zu eruieren, in welchem Rahmen und in welcher Form solche angedachten Hilfen für Betroffene angeboten werden, um dem Eingliederungs- und Integrationsanspruch des betroffenen jungen Menschen zu entsprechen.

Nicht übersehen werden sollte auch der aufkommende Konflikt zwischen freien Trägern mit ihren vorgehaltenen Hilfen im Sinne des § 35 a SGB VIII und den Kostenträgern. Zunehmend sind auch in der Einschätzung über Umfang, Dringlichkeit, Form und Dauer entsprechender Eingliederungshilfen völlig konträr laufende Diskussionen an der Tagesordnung. Dies resultiert vor allem daraus, daß erst nach einigen Wochen, teilweise Monaten sich der konkrete Eingliederungsbedarf für einen aus der Psychiatrie vermittelten Menschen ergibt und der vorläufige Hilfeplan dadurch schnell an Aktualität verliert. Der Heimeinrichtung fällt es dann hier ausgesprochen schwer, beim Jugendamt das entsprechende Gehör zu finden, wenn angedachte Hilfen mit Mehrkosten verbunden scheinen. Von daher sind ein stetiger Austausch und eine hohe Beweglichkeit bei der Gestaltung und Modifizierung der Hilfen im Sinne des § 35 a SGB VIII unbedingtes Muß in der Hilfegewährung und -gestaltung.

5.1 Das Jugendamt als Koordinator und Gewährleister der Eingliederungshilfe in Steuerungsverantwortung

Mit dem Inkrafttreten des § 35 a SGB VIII wurden die Eingliederungshilfen für Kinder und Jugendliche mit seelischen Behinderungen in die Verantwortung der öffentlichen Jugendhilfe und somit auf die jeweils zuständigen Jugendämter gestellt.

Dieses Angebot soll sich vornehmlich an diejenigen jungen Menschen richten, die infolge bestimmter psychischer Störungen und Probleme an einer adäquaten und weitgehend selbstbestimmten Teilnahme unter Rücksicht auf zugrunde gelegte Selbstverwirklichungstendenzen an gesellschaftlichen Lebensvollzügen gehindert werden und in ihrer Persönlichkeitsentwicklung gefährdet oder schon beeinträchtigt sind.

Der Gesetzgeber achtete von Beginn an darauf, daß erst bei Vorliegen eines spezifischen Bedarfes (Förder- und konkreter Hilfebedarf) individuelle Sozialleistungen eruiert, überprüft und nötigenfalls gewährt werden. Ist dieser gegeben, so soll die Hilfe umfassend, ausreichend und vor allem zielführend sein.

Jedoch kann es nur dann zu einer dem betroffenen jungen Menschen dienlichen Hilfe kommen, wenn sich Jugendamt und andere beteiligte Fachdisziplinen wie Psychiatrie, Sozialpädagogik, Heilpädagogik komplementär verhalten. Vor allem dem Jugendamt kommt hier fundamentale Bedeutung zu, hat es einerseits alle leistungserheblichen Fakten (Berichte, Diagnosen, Einschätzungen verschiedener Fachdisziplinen, milieubedingte Faktoren etc) ausreichend zu würdigen, kann aber andererseits diese nur dann berücksichtigen, wenn ihm hierzu auch alle notwendigen Tatsachen und Daten zugänglich gemacht und verständlich erläutert werden. Hier ist also insbesondere die Kooperation mit anderen Fachkompetenzen gefragt und die Form des Austausches. Dies bedeutet, daß zunächst nicht das Jugendamt am Zuge ist, sondern vielmehr vorangegangene Hilfeinstanzen eine vorläufige Einschätzung des Schweregrads der Störung und des damit verbundenen Hilfebedarfs abgeben müssen, soll der Sozialarbeiter über die Gewährung der notwendigen und erforderlichen Hilfen zur Eingliederung und Erziehung des betroffenen jungen Menschen entscheiden können und diese bei der wirtschaftlichen Jugendhilfe durchsetzen.

Bei Eingliederungshilfen und damit verbundenen Hilfen zur Erziehung nach § 27 SGB VIII, die über einen längeren Zeitraum angezeigt sind (mindestens 6 Monate), soll der beabsichtigte Ablauf zusammen mit seiner Begründung im Hilfeplan gemäß § 36 niedergeschrieben und als vertragliche Vereinbarung von allen Beteiligten (Eltern, junger Mensch, Jugendamt, ausführende Stelle als Leistungserbringer, ggf. Schule, Arzt) unterschrieben und anschließend schriftlich zur Kenntnis gegeben werden. Als dringend erforderlich ist anzusehen, daß alle Grundleistungen und spezielle Leistungen konkret beschrieben und die mit der Umsetzung und Realisierung verantwortlichen Personen (Erzieher, Pfleger, Therapeuten etc.) mit Angabe ihrer Tätigkeit und Funktion namentlich aufgeführt werden. Dadurch wird sichergestellt, daß das Jugendamt zu jeder Zeit die beabsichtigte und besprochene Ausgestaltung der Hilfe nachvollziehen und auf ihre Effizienz überprüfen kann.

Ein Beispiel:

Die Betreuung und Erziehung in der Gruppe wird gewährleistet durch 5 Betreuer, hier: Hanna H., Johannes B., Martin K., Silke G., Friderike F. sowie Gudrun L., Vorpraktikantin. Die Gruppe wird konstant durch drei Fachkräfte betreut und beaufsichtigt.

Zweimal wöchentlich Ergotherapie: ausführende Person hier: Ricarda T., Ergotherapeutin im Fachdienst.

Dem Jugendamt selbst dient der Hilfeplan zur internen Dokumentation der gewährten und umzusetzenden Eingliederungshilfen und weitergehender Hilfen sowie zur Absicherung und verpflichtenden Teilnahme der Anspruchsberechtigten der Hilfen nach den §§ 27/35 a SGB VIII.

Bei all diesen Überlegungen hat sich der Sozialarbeiter letztlich als Koordinator der einzuleitenden Hilfen zu verstehen. Langfristig muß es allerdings Bestreben der Jugendämter sein, sich aus der noch gegenwärtig vorhandenen Abhängigkeit von anderen Fachdisziplinen (Psychiatrie, Heilpädagogik etc.) bei der Feststellung psychischer Störungen und des damit verbundenen Eingliederungsbedarfes zu befreien. Dies bedeutet, daß die öffentlichen Träger ihre Mitarbeiter weiterbilden müssen, damit diese psychiatrische Berichte und gestellte Diagnosen lesen, deuten und entsprechend einschätzen können. Hilfreich wird vor allem sein, die erforderlichen Kriterien und Grundlagen für eine getroffene Diagnose einer psychischen Störung nach ICD-10 kennenzulernen. Hierunter sind Daten aus anamnestischen Erhebungen, biophysischen Risiken, milieubedingten Sozialisationsfaktoren, Bildungschancen etc. zu verstehen, die den Verlauf und die Entwicklungsgeschichte einer letztlich getroffenen Störung exemplarisch darstellen und verstehbar machen helfen. Nur wenn wir die Geschichte der Betroffenen erfahren, werden wir ihre Störungen, ihre Einschränkungen und die damit verbundenen Benachteiligungen verstehen und den Umfang der hierzu erforderlichen Hilfen richtig einschätzen können. Als hilfreiche Lektüre kann hierzu dienen:

1. *ICD-10, Kapitel V, Klinisch-diagnostische Leitlinien zur Klassifikation psychischer Störungen.*
   Autoren: H. Dilling/W. Mombour/M.H. Schmidt (Hrsg.), Verlag Hans Huber, 1994.

2. *Psychiatrie. Ein Leitfaden für Klinik und Praxis. 2. Auflage,*
   Autor: Hans-Jürgen Möller, Verlag Kohlhammer.

5.2 Die Einbeziehung und rechtzeitige Aufklärung der Schule über die Störungsbilder und die Hilfen zur Integration

Gehen wir von der diagnostischen Beschreibung einer vorliegenden psychischen Störung nach ICD-10 aus, gilt es, sorgfältig abzuwägen, wie sehr die vorliegende Problematik den betreffenden jungen Menschen in seinem Anspruch auf Eingliederung in soziale Kontexte hindert bzw. seine Eingliederung und Integration in die Gesellschaft behindert wird. *J.M. Fegert* weist in diesem Zusammenhang immer wieder zu Recht auf die Berücksichtigung des schulischen Umfeldes und seine kardinale Bedeutung für die weiteren Integrationsbemühungen hin. Und die Erfahrungen in der tagtäglichen Arbeit mit seelisch behinderten jungen Menschen macht deutlich, wie sehr die Schule als Zugang zur Welt (Ausbildung, Arbeit, Einkommen etc.) benötigt wird, um die Voraussetzungen für zunehmende Autonomiebestrebungen und weitestgehende Selbständigkeit des Betroffenen mitzugestalten. Gleichzeitig wissen wir, daß die Schule in einer bildungspolitischen Krise steckt und die gesellschaftliche Umbruchsituation mehr denn je leistungswillige und leistungsfähige Schüler mit entsprechendem Anpassungs- und Organisationsniveau rekrutiert und zunehmend die Daseinsberechtigung solcher Schüler mit einer ungünstigen Biogenese und Sozialgenese in Frage stellt. Der Überforderungscharakter der Schule findet sich auch in der zunehmenden Selbstkrise der Lehrkräfte wieder, die teilweise völlig überaltert und unvorbereitet sich mit einer Flut an Bildungsinhalten beschäftigen müssen und sich gleichzeitig einer Zunahme verhaltensgestörter, desorientierter und psychisch anfälliger Schüler ausgesetzt sehen, jedoch keinerlei Handlungsmöglichkeiten erkennen, erzieherischen Momenten mehr Raum zu geben.
  Gerade aus der Erfahrung heraus, daß Kinder und Jugendliche mit einer ungünstigen Sozial- und Biogenese meist schon erheblichen Zuschreibungsprozessen durch alle mögli-

chen Instanzen ausgesetzt waren, ist bei der Nachsorge und weiteren Behandlung von gerade seelisch behinderten jungen Menschen einer weiteren Etikettierung durch überforderte Lehrkräfte Einhalt un gebieten. Dies fordert um so mehr die in Betreuungsverantwortung stehenden Fachkräfte, Therapeuten und das jeweils zuständige Jugendamt, und es muß, so denke ich, nicht extra erwähnt werden, welche Wirkung die weitere Stigmatisierung auf das Selbstbild und das Verhalten des jungen Menschen haben kann. Die daraus folgende Aufgabe muß es also sein, vor einem Integrationsversuch des seelisch behinderten Kindes/Jugendlichen die Schule und insbesondere die Lehrkräfte über die bisherige Lebensgeschichte und die in ihr enthaltenen ungünstigen Entwicklungsbedingungen aufzuklären, ohne zu sehr ins Detail zu gehen. Die Einwilligung der Eltern muß zuvor schriftlich eingeholt werden (siehe Punkt 5.4). Sinnvollerweise haben alle Gespräche unter Hinweis auf die Einhaltung des Datenschutzes zu verlaufen. Als bedenklich anzusehen wäre es, wenn der Schule ausführliche schriftliche Diagnoseberichte und Entwicklungsberichte überlassen würden. Hier ist es zu empfehlen, in Form einer Lebenslaufanalyse die Lebensstationen und die damit verbundenen Lebenskrisen zwischen Schwangerschaft und aktueller Situation schriftlich zusammenzufassen, das soziale Handicap zu beschreiben und den konkreten Hilfe- und Erziehungsplan mit Eingliederungsbedarf vorzulegen. Hilfreich ist es, den Lehrkräften entsprechende Interventions- und Betreuungsempfehlungen an die Hand zu geben bzw. den engen Kontakt für zu jeder Zeit notwendige Gespräche abzustimmen. Als äußerst hilfreich hat sich in unserer Praxis die Einladung der Lehrkräfte zu den Helferkonferenzen erwiesen. Nur solange der Lehrer um die konkreten Eingliederungsbemühungen und fachlichen Hilfen innerhalb der Nachsorgeeinrichtung weiß, wird er sich eher um einen Verbleib des Schülers bemühen, und die Realität zeigt, daß ein guter und vertrauensvoller Austausch und die gegenseitige Wertschätzung und Akzeptanz die Schule an einem »schwierigen« Schüler eher festhalten läßt.

5.3 Das Recht auf Mitbestimmung und das Ernstnehmen des jungen Menschen als Voraussetzung intrinsischer Motivation bei der Hilfeplanung

Gehen wir davon aus, daß schwer vorbelastete junge Menschen mit psychischen Beeinträchtigungen in der Wahrnehmung und Akzeptanz ihrer Störung eingeschränkt sind. Während bei jüngeren Kindern deutlich zu beobachten ist, daß sie spezielle Hilfen und therapeutische Verfahren, vor allem im Einzel- oder Kleingruppenbezug, gerne annehmen, stößt die Jugendhilfe bei den älteren Jugendlichen eher auf Abwehr und verzweifelte Versuche, sich konkreten Hilfen zu entziehen.

Auch ist zu beobachten, daß ältere Jugendliche eher in ihrem sozialen Netz (erweiterter Familienkreis, Peergroup etc.) nach Unterstützung zur Bewältigung eigener Schwierigkeiten suchen denn bei sogenannten Fachleuten. Gerade männliche Jugendliche neigen selten dazu, therapeutische Hilfen außerhalb der Gruppenbetreuung als angemessene Coping-Strategien anzunehmen. Viele dieser Jugendlichen sind äußerst mißtrauisch und abwartend und vermuten hinter den Annäherungen des Therapeuten den Versuch, »sie zu verändern, zu verbiegen und zu manipulieren«.

Die Frage, wie man belastete junge Menschen entsprechend zur Mitarbeit innerhalb der Hilfeplanung motivieren kann, weist auf die immanente Dauerspannung zwischen Entmündigung des jungen Menschen und dem Mündigmachen des jungen Menschen hin. Wo weist der Betroffene solch erhebliche Störungen auf, die zunächst ein »Über-ihn-Bestimmen« als unausweichlich erscheinen lassen, und wo sind doch Räume gegeben, dem jungen Menschen für sein TUN ein Stück Verantwortung zu übertragen, ihn bei der Ausgestaltung der Hilfe in der jeweils aktuellen Situation mitbestimmen zu lassen.

Folgende Thesen sollen Orientierung geben:

Ernst nehmen bedeutet: im Jugendlichen zunächst auch den Symptomträger zu erkennen, der grundlegenden Erziehungs- und Förderbedürfnissen unterliegt.

Ernst nehmen bedeutet: nicht der junge Mensch kann definieren, was sein Erziehungsbedürfnis ist.

Ernst nehmen bedeutet: daß die Hilfe (Erziehung und Therapie) lebensweltlich ausgerichtet sein muß, die es dem jungen Menschen möglich macht, an ihn herangetragene Verhaltenserwartungen wie Leistungsbereitschaft, Anpassung, Eigenverantwortung, Kommunikationsfähigkeit etc. mehr und mehr wahrzunehmen.

Ernst nehmen bedeutet: daß die in der Jugendhilfe Tätigen nicht nur Problemlösungen mit den jungen Menschen, sondern vor allem auch in deren Umgebung im weitergehenden sozialen Milieu wie Familie, Peergroup, Klasse, Heimgruppe etc. suchen.

Ernst nehmen bedeutet: dem Ausdruck des jungen Menschen auf Abbruch einer therapeutischen Hilfe nicht einfach nachzugeben, sondern einerseits seine Einsicht auf weitere Teilnahme zu fördern, und Zutrauen in seine Fähigkeit zu setzen, Veränderungen erreichen zu können.

Ernst nehmen bedeutet: Vertrauen in die dem jungen Menschen innewohnenden Kräfte zu
Problemlösungs- und -bewältigungs-
versuchen zu setzen.

Ernst nehmen bedeutet: deutlich mit Signalwirkung Grenzen
zu setzen, um erst dadurch zur
Orientierung zu verhelfen. Der Betreuer und Therapeut muß durch
eine klare Grundhaltung das Bedürfnis des jungen Menschen nach
Nähe und Bestimmung regulieren,
um durch die dadurch gewonnene
pädagogische Distanz nicht hand-
lungsunfähig zu werden.

Ernst nehmen bedeutet: die Problemdefinition und Problembewältigung des jungen Menschen
und seine Betrachtung der Dinge
aufzugreifen sowie seine Einschätzung über hierzu geeignete Hilfeformen so gut als möglich in die Hilfeplanung zu integrieren.

Ernst nehmen bedeutet: nicht zuzulassen, daß sich der junge
Mensch legitimierten Anforderun-
gen der Erwachsenenwelt mit Hinweis auf seine psychische Krankheit
zu entziehen versucht. Gerade für
lange in der Psychiatrie behandelte
Jugendliche ist das Sichzurückziehen in Krankheitssymptome eine
Flucht vor der Wirklichkeit und
Ausdruck »noch geringen Selbstver-
trauens«.

Ernst nehmen bedeutet: nicht jeglichen trotzenden Impulsen des jungen Menschen nachzugeben, sondern darin den vom Jugendlichen delegierten Auftrag zu erkennen, klarzumachen, wer »Sager« und »Bestimmer« im Erziehungsprozeß sein muß, um damit zum Garant zu werden für ein wirklich therapeutisches Milieu.

Ernst nehmen bedeutet: sich als Erwachsener darüber klar zu sein, daß Beschimpfungsattacken, verbale und möglicherweise körperliche Übergriffe ein Beziehungsangebot sind und es erneuter Regulierung von Nähe und Distanz durch den Erwachsenen bedarf.

5.4 Kooperation unter Berücksichtigung datenschutzrechtlicher Bestimmungen

Die Entscheidung (Verwaltungsakt) über eine Eingliederungshilfe nach § 35 a SGB VIII ist das Ergebnis eines Verwaltungsverfahrens als Entscheidungsfindungsprozeß. Dieser Entscheidungsfindungsprozeß sollte nach Anhörung der kinder- und jugendpsychiatrischen Kompetenz und deren Einschätzung über weiterführende Hilfen sowie unter Hinzuziehung bereits bekannter und einsehbarer Befunde und Berichte aus Schule, Jugendhilfe, Familienhelfereinsatz etc. erfolgen. Er ist Grundlage für die jeweils zu treffende jugendhilferechtliche Entscheidung. Ist der seelisch behinderte junge Mensch in einer Nachsorgeeinrichtung aufgenommen, überträgt sich im wesentlichen die datenschutzrechtliche Verantwortung auf die mit der Betreuung beauftragten Fachkräfte sowie alle am weiteren Erziehungs- und Behandlungsprozeß Beteiligten, wie Einrichtungsleitung, Lehrer und Therapeuten. Nach wie vor ist jedoch ein recht laxer Umgang mit personenbezogenen Sozialdaten von Eltern und Kindern zu beobachten. Das Jugendamt hat nach § 61 Abs. 4 SGB VIII sicherzustellen, daß der Schutz von Sozialdaten bei ihrer Erhebung, Verarbeitung und Nutzung in entsprechender Weise zu gewährleisten ist. Und es ist erfreulich, daß Sozialarbeiter zunehmend die Jugendhilfeeinrichtungen nach eigens für die pädagogische Arbeit notwendigen Datenschutzbestimmungen abfragen. Der Datenschutz hat sich dabei im wesentlichen auf zwei Bereiche zu erstrecken.

1. Verpflichtungserklärung des jeweils am Erziehungs- und Behandlungsprozeß beteiligten Mitarbeiters in der Nachsorgeeinrichtung auf Einhaltung datenschutzrechtlicher Bestimmungen.

2. Einverständniserklärung als Vertragsbestandteil zwischen Eltern und Nachsorgeeinrichtung zur Erhebung, Verwer-

tung und Weitergabe personenbezogener Sozialdaten sowie zur Wahrnehmung personensorgeberechtigter Aufgaben und weitergehender Hilfe- und Erziehungsleistungen.

Nachfolgend sind ein Entwurf einer Verpflichtungserklärung und einer Einverständniserklärung dargestellt.

Verpflichtung auf das Datengeheimnis
(§ 7 LDSG)

Name:
Vorname:
Dienststelle:
Dienstbeginn:
Ausübende Tätigkeit:

1.0 wurde heute
1.1 auf die Wahrung des Datengeheimnisses nach § 7 des Landesdaten-
schutzgesetzes (LDSG) vom 05.12.1979 verpflichtet.
1.2 darauf hingewiesen, daß es untersagt ist, geschützte personenbezoge-
ne Daten unbefugt zu einem anderen als dem zur jeweiligen recht-
mäßigen Aufgabenerfüllung gehörenden Zweck zu verarbeiten, be-
kanntzugeben, zugänglich zu machen oder sonst zu nutzen und daß
diese Pflichten auch nach Beendigung der Dienstzeit in der Einrichtung .... fortbestehen.
1.3 darauf hingewiesen, daß die Persönlichkeitsrechte der betroffenen
Personen wie z.B. Klientel, Mitarbeiter etc. angemessen zu würdigen
und zu respektieren sind und nicht berührt werden dürfen.
1.4 darauf hingewiesen, daß eine Offenbarung dieser Geheimnisse nur
dann zulässig ist, wenn sowohl die Befugnisvoraussetzungen der
Amtsverschwiegenheit (Genehmigung des Dienstherrn) wie des Be-
rufsgeheimnisses (z.B. Einwilligung des Betroffenen) vorliegen.
1.5 darüber belehrt, daß Verstöße gegen das Datengeheimnis gegebenen-
falls nach § 25 LDSG und anderen einschlägigen Rechtsvorschriften
mit Freiheits- oder Geldstrafe geahndet werden können.
2.0 bestätigt den Empfang dieser Abschrift mit Niederschrift.

.... , den ....

....
Unterschrift des Verpflichtenden/der Dienststelle

....
Unterschrift des Verpflichteten

Einverständniserklärungen

Die Personensorgeberechtigten sind damit einverstanden, daß der junge Mensch, auch im Rahmen des Schulbesuches, intensiv einzeln sowie in Gruppen betreut wird, was auch die Durchführung psychologischer Tests sowie therapeutischer Hilfen einschließt (§ 27 in Verbindung mit § 34 SGB VIII/§ 35 a SGB VIII).

Sie sind auch einverstanden mit seiner Teilnahme an:
- erlebnispädagogischen Unternehmungen, Ferienaufenthalten, auch im Schullandheim, Zeltlager, Wanderungen (auch im Hochgebirge), Schwimmen, Reiten, Sportveranstaltungen und Turnen, alles unter Aufsicht der Einrichtung.
- Fahrten in Kraftfahrzeugen der Einrichtung oder solchen von Mitarbeitern.
- dem allgemeinen Straßenverkehr zu Fuß oder mit dem Fahrrad, der Benutzung öffentlicher Verkehrsmittel, Vereinsaktivitäten außerhalb des Heims (Sport, Musikunterricht, Singen im Chor und ähnliches) ohne Aufsicht durch die Einrichtung.

Die Personensorgeberechtigten sind ferner einverstanden mit:
- ärztlichen Untersuchungen und ärztlichen Behandlungen ohne körperliche Eingriffe mit Ausnahme solcher von nur geringer Bedeutung. Sie sind auch damit einverstanden, daß die ärztlich verordneten Medikamente durch Mitarbeiter der Einrichtung verabreicht werden und deren Einnahme von ihnen überwacht wird.
- Schutzimpfungen gegen Diphtherie, Wundstarrkrampf, Masern, Kinderlähmung, Pocken, Röteln, Zeckenbiß und Tetanus, soweit sie ärztlicherseits empfohlen werden. Dies gilt auch für Nachimpfungen.

Vorsorglich ermächtigen die Personensorgeberechtigten jetzt schon die Einrichtung, im Rahmen ihrer Betreuungsverpflichtung notwendig werdende Entscheidungen zu treffen für den Fall, daß die Personensorgeberechtigten nicht erreichbar sind und die Entscheidung keinen Aufschub duldet. Bei aufschiebbaren Entscheidungen können diese getroffen werden, falls nach schriftlicher Nachricht an die zuletzt bekanntgegebene Adresse eine Antwort innerhalb angemessener Frist ausbleibt.

Die Personensorgeberechtigten werden jeden Adressenwechsel und jede Änderung ihrer telefonischen Erreichbarkeit unverzüglich der Einrichtung mitteilen, damit diese sie in dringenden Fällen sofort erreichen kann.

Aufgrund der Ermächtigung zur Ausübung des Aufenthaltsbestimmungsrechts kann die Einrichtung für den Fall des Entweichens zur unverzüglichen Wiederherstellung ihrer Aufsicht über den von ihr betreuten jungen Menschen fremde Hilfe in Anspruch nehmen und den Entwichenen anderen Personen wegnehmen (§ 1632 Abs. 1 BGB) und ihn in die Obhut der Einrichtung zurückführen.

Einverständnis in die Verwendung persönlicher Daten:

Die Personensorgeberechtigten sind damit einverstanden, daß die Einrichtung persönliche Daten des Betreuten sowie seiner Angehörigen erhebt, speichert, verarbeitet und an Dritte weitergibt, sofern dies zur Erfüllung ihrer Aufgaben im Rahmen des Betreuungsvertrages notwendig ist. Sie ist auch berechtigt, von Ärzten, Psychiatern und Psychologen Berichte und Gutachten in Empfang zu nehmen, soweit dies für ihre vertragliche Aufgabenerfüllung notwendig ist.

Im Verhältnis zum Träger der öffentlichen Jugendhilfe dürfen Erkenntnisse, welche die Einrichtung bei ihrer Betreuungsarbeit über den jungen Menschen und seine Familie gewonnen hat, verwertet werden.

Auskünfte über den Betreuten gegenüber Personen, welche der beruflichen Schweigepflicht unterliegen, wie Ärzte einschließlich Psychiater und Psychologen, dürfen im Rahmen des Notwendigen zur Erfüllung ihrer beruflichen Aufgabe erteilt werden.

Die Personensorgeberechtigten befreien hiermit die das Kind oder den Jugendlichen behandelnden Ärzte und Psychiater von der ärztlichen Schweigepflicht gegenüber der Einrichtung.

.........................…..... , den ....….........

....…..
(Personensorgeberechtigte)

....…..
Hilfegewährer/Jugendamt

....…..
Einrichtung/Vertreter in Person

98

Gerade die Einverständniserklärung als gegenseitiger Vertragsbestandteil innerhalb der Jugendhilfemaßnahme muß als Bestandteil in den Hilfeplan nach § 36 SGB VIII eingehen, werden in ihr doch so elementare Wirkungskreise der elterlichen Sorge wie Aufenthaltsbestimmung, interdisziplinäre Zusammenarbeit mit Ärzten, Lehrern, Schulen sowie alltägliche Rechtsgeschäfte berührt, deren Klärung für eine zielgerichtete und auf enge Kooperation angelegte Erziehung und Behandlung des betroffenen jungen Menschen immanente Bedeutung hat. Sie kann auch von vornherein die immer noch als lästig empfundene Regelung nach Erstellung eines Entwicklungsberichtes über das zu erziehende/behandelnde Kind erleichtern helfen, so daß sich Jugendhilfeeinrichtungen nicht mehr unter Hinweis auf Datenschutzrechte des Kindes/Jugendlichen vom Verfassen entsprechender E-Berichte freisprechen können. Im Gegenteil, Jugendämter sollten die künftige Kooperation mit Jugendhilfe- und/oder Nachsorgeeinrichtungen von deren Bereitschaft und Einsicht auf regelmäßige Entwicklungsberichte an das Jugendamt abhängig machen. Vor allem im Hinblick auf die Eingliederungshilfe nach § 35 a SGB VIII und der sich im Verlauf der Maßnahme verändernden Einschätzungen über den tatsächlichen Eingliederungs- und Integrationsbedarf ist der Entwicklungsbericht künftig als unverzichtbare Vorlage zur Entscheidungsfindung vor der weiteren Hilfeplanfortschreibung im Interesse des Kindes/Jugendlichen zu sehen. Gleichzeitig wird er künftig im Vorfeld der anstehenden Hilfeplanung dem Jugendamt unter Berücksichtigung haushaltsrechtlicher/finanzpolitischer Bestimmungen den weiteren Spielraum zu gewährender Hilfen eröffnen. Nachfolgend der Entwurf eines Entwicklungsberichtes als Vorlage für bevorstehende Hilfeplankonferenzen nach § 36 SGB VIII, der wenigstens zwei Wochen vor Hilfeplandatum beim zuständigen Kostenträger vorliegen sollte.

Entwicklungsbericht

als Vorlage für die bervorstehende Hilfeplanung am . . . .

Name des Kindes/Jugendlichen: . . . . geb. . . . .

Aufnahmedatum: . . . .

Hilfeart/Rechtsgrundlage: . . . .

Eingangsdiagnose: . . . .

Berichtszeitraum: . . . .

1.0 Gruppensituation (Beschreibung der Gruppe, Betreuungskräfte, Größe etc.)
1.1 Verhalten zu Mitbewohnern (Beziehungsaufnahme, Rückzug etc.)
1.2 Verhalten zu den Erwachsenen
2.0 Schulsituation allgemein (Klassengröße, Schulart etc.)
2.1 Integrationsfähigkeit
2.2 Einschätzung des Lern- und Leistungsverhaltens
3.0 Verhalten zu sich selbst (Körperhygiene, Kleidung, Auto-
aggression etc.)
3.1 Umgang mit Gegenständen, Tieren und Natur
4.0 Familiensituation (Kontakte per Telefon, Briefverkehr, Be-
suche etc.)
5.0 Besondere Auffälligkeiten (Emotional- und/oder Sozialverhalten)
5.1 Einschätzung des möglichen weiteren Förderbedarfes/Ein-
gliederungsbedarfes aus Sicht der Gruppenbetreuer in
Abstimmung mit Fachdienst und Erziehungsleitung

Datum: . . . .

Bezugsbetreuer: . . . . Gruppenleiter . . . .

Erziehungsleitung: . . . . Heimleitung . . . .

6.0 Der Begriff der »seelischen Behinderung« und der damit verbundene Stigmatisierungscharakter

Die sozialpsychologische Definition der seelischen Behinderung betont im Gegensatz zur körperlichen Behinderung die »nicht« unbedingt sichtbaren und durch den Betrachter erkennbaren Abweichungen vom Erscheinungsbild des Nichtbehinderten, die negative, teils sanktionierende, verunsichernde Reaktionen der sozialen Umwelt auslösen können. Während beim Körperbehinderten der sichtbare Körperschaden Vorurteile und Verunsicherung, ja häufig sogar Mitleid oder gar Ekel hervorruft, welcher der Stigmatisierung geradezu Vorschub leistet, ist das Erkennen einer seelischen Behinderung bei einem Betroffenen ungleich schwerer, da ein psychischer Defekt oder seelischer Mangelzustand nicht sofort erkennbar oder als von der Norm abweichend erfaßt werden kann. Erst nach einer gewissen Zeit, in der sich der Betroffene in der normgebenden Umwelt, in der vermeintlich »normalen« Umwelt bewegt und die an ihn herangetragenen Aufgaben und Anforderungen nicht oder nur unzureichend zu erfüllen imstande ist, werden seine Unzulänglichkeiten, seine Mängel und seine Unvollkommenheit bemerkt und führen dann zu entsprechenden Reaktionen wie Ausgrenzung, Mitleidsbekundungen, Zuschreibungsprozessen und, damit verbunden, zu einer »beschädigten Identität« durch den Betrachter.

Der Begriff der »seelischen Behinderung« stigmatisiert tatsächlich. Er stigmatisiert aber vor allem in dem Maße, wie Sozialarbeiter, Lehrer, Erzieher, Therapeuten angemessenes Verhalten anmahnen und einfordern, Anpassung an gesellschaftlich bewährte Normen erwarten. »Das Individuum, hier das unbeugsame, ungeduldige, freche und aufsässige Kind, das leicht in den gewöhnlichen und alltäglichen Ablauf hätte Aufnahme finden können, besitzt jedoch ein Merkmal, welches ihm verunmöglicht, den Verhaltenserwartungen seiner Umwelt zu entsprechen. Es fordert zum Handeln auf, drängt uns nach Lösungsversuchen und bewirkt letztendlich, daß wir uns von ihm abwenden, wodurch der Anspruch, den seine anderen Eigenschaften an uns stellen, gebrochen wird. Es hat ein Stigma, das heißt, es ist in unerwünschter Weise anders, als wir es antizipiert hatten.« *Stigma-Theorie nach Goffmann, vgl. Otto Speck, System Heilpädagogik, Seite 142, Reinhardt, 188).*

Soziale Normen werden durch Konventionen, Verhaltenserwartungen, Vorschriften, Gesetze oder durch die sonstige Kategorisierung bestimmter Verhaltensweisen innerhalb einer Gruppe (Schulklasse, Freizeitgruppe, Heimgruppe, Verein etc.) bestimmt. Gerade der Personenkreis der seelisch behinderten Menschen gilt als die Gruppe, die aufgrund ihrer eingeschränkten Wahrnehmung und Akzeptanz der eigenen Mängel und Problemlagen erheblich beeinträchtigt ist und mehr noch als andere die Fremdwahrnehmung und Rückmeldung durch Außenstehende (Familie, Betreuer, Lehrer, Freunde etc.) benötigt, um die eigene Hilfebedürftigkeit erkennen zu können. Sie geraten aber dadurch in eine enorme Abhängigkeit von gesellschaftlichen Gruppen, auch vor allem zu sogenannten Sozialgruppen wie Eltern psychisch kranker Kinder, Betreuerteams, Lehrer, Freizeitgruppen usw., weil sie nicht selbst, sondern andere das Ausmaß des »Stigmas« definieren und festschreiben.

Die Aussage eines psychisch kranken jungen Erwachsenen verdeutlicht diese Abhängigkeit in eklatanter Weise:

Johannes, 18 Jahre:

»Ich will mich nicht von den anderen als normal oder abnormal oder der Norm entsprechend beschreiben lassen. Wenn ich mit mir und meinen individuellen Fähigkeiten zufrieden sein kann, dann sehe ich mich als normal an. Mein von mir gesetztes Kriterium ist mir wichtig und nicht die von anderen gesetzten Kriterien.«
»Ich will nicht aufgrund der durch euch aufgestellten Regeln durch die Norm fallen. Was wißt schon ihr, was mir wichtig ist. Ich setze

mir selbst meinen normativen Rahmen, der für mich akzeptabel ist,
und beuge mich nicht den Erwartungshaltungen anderer.«

Seelische Behinderung ist demnach immer auch in erheblichem Maße ein Prozeß der Etikettierung (»labeling«; man spricht auch im soziologischen Sinne vom »labeling approach«) oder der Zuschreibung. »Dieser Erklärungsansatz der Zuschreibungs- oder Stigma-Theorie erreicht aber nicht die ganze Situation eines behinderten Menschen, insbesondere insofern, als nicht jede Abweichung schlechthin als bloße soziale Zuschreibung empfunden wird. In der eigenen Erfahrung abhebbar wird auch das »unmittelbare Unvermögen« des realen Lebensvollzugs (Gesellschaft) mit oder ohne zusätzliche Zuschreibungsvorgänge als konstitutiver Bestandteil der Behinderung, egal ob dies eine körperliche, seelische oder geistige Behinderung sein mag, erlebt.« *(vgl. Otto Speck, System Heilpädagogik, Seite 144, Reinhardt, 1988)*

Es scheint eher die Unsicherheit im Umgang und in der Auseinandersetzung mit behinderten Menschen zu sein. Und der »gesunde« Mensch wird sich erst im Umgang, in der Interaktion mit Menschen und ihren Beeinträchtigungen und Defiziten der eigenen Vollkommenheit und Gesundheit bewußt und entwickelt Schuldgefühle, Mitleidszustände und/oder Ängste und Beklemmungen, die den weiteren Umgang und die Bereitschaft zur Auseinandersetzung mit Menschen und ihren Behinderungen erheblich beeinflussen können. Daß erst dadurch eine schier unüberwindbare Sozialbarriere entsteht und der Boden für die Stigmatisierung gelegt wird, scheint immer noch nicht so recht ins Bewußtsein der Öffentlichkeit gelangt zu sein.

6.1 Was ist eine seelische Behinderung eigentlich?

Nach wie vor herrscht große Verunsicherung darüber, wie oder wann zurecht von einer seelischen Behinderung gesprochen werden kann. Vor allem bei Mitarbeitern in der Jugendhilfe werden zunehmend Rufe nach geeigneten Hilfestellungen in Form entsprechender Kriterien zur Erkennung einer drohenden oder schon eingetretenen Beeinträchtigung im Kindes- und Jugendalter laut.

Und immer noch scheint der Eindruck vorzuherrschen, eine seelische Behinderung sei eine ärztliche bzw. sozial-psychiatrische Diagnose, die meßbar sei.

J.M. Fegert ist der gute Versuch einer Definition seelischer Behinderung gelungen. Demnach droht seelische Behinderung einem Kind oder einem Jugendlichen oder muß bei einem Kind oder Jugendlichen festgestellt werden, wenn als Folge von *diagnostizierbaren psychischen Störungen* soziale Beziehungen, Handlungskompetenzen, insbesondere die schulische und später berufliche Integration gestört oder gefährdet ist *(J.M. Fegert: Was ist seelische Behinderung?, Votum Verlag, Münster, 1994).*

Er hält sich hierbei sehr stark an die internationale Klassifikation psychischer Störungen der WHO, die ICD-10, von der schon unter Punkt 4.2 die Rede war.

Die Frage, der also nachgegangen werden muß, lautet: »Wann können die mit der Betreuung und Erziehung von schwer gestörten und beeinträchtigten jungen Menschen beauftragten Mitarbeiter in der Jugendhilfe zu Recht den Begriff der seelischen Behinderung anwenden?«

»Welche diagnostizierten und festgestellten psychischen Störungen führen zu welcher Beeinträchtigung und, damit verbunden, zu sozialer Benachteiligung, welche wiederum entsprechende Hilfen notwendig erscheinen läßt, die das sozialrechtliche Konstrukt des § 35 a SGB VIII zur Anwendung kommen läßt, weil sich aufgrund der festgestellten psychischen Störung und der damit verbundenen Einschränkung und Benachteiligung ein konkreter Eingliederungs- und Integrationsbedarf ergibt?«

Nachfolgend wird der Versuch unternommen, anhand einiger Beispiele diesen Sachverhalt aufzuklären.

Einschränkungen (disability)	Auswirkungen/Soziale Folgen ---> Soziale Benachteiligungen (handicap)
Der Patient benötigt für Morgentoilette einen Zeitrahmen von bis zu 3 Stunden. Dadurch werden Mitbewohner in der Gruppe blockiert und zeitlich erheblich strukturiert. Anschließende Vorgänge, wie Schultasche richten, Frühstück einnehmen, können nur unzureichend wahrgenommen werden. Zeitliche Planungen, Absprachen nur schwer möglich. Kann sich auf Bedürfnisse anderer nicht einstellen. Keine Einsichtsfähigkeit erkennbar. Einstellungen anderer werden nur schwer oder gar nicht zur eigenen Verhaltensänderung verinnerlicht und überprüft. Zeigt sich leicht kränkbar, kränkt aber durch seine zwanghaften Handlungen seine Mitbewohner. Besteht auf bestimmte Abläufe in der Gruppe, ist dagegenstehenden Argumenten nicht zugänglich. Eigensinniges Beharren auf Gewohnheiten.	Die Mitbewohner rebellieren und gehen dagegen in beschimpfender Art an. Die Betreuer sind versucht, ständig zwischen Patient und Mitbewohner zu vermitteln, um Verständnis zu werben. Er wird als Psychopath, als Idiot abgeschrieben. Die ewige Rücksichtnahme überfordert den Rest der Gruppe. Konkrete Freizeitplanungen und Aktivitäten werden nur widerwillig oder gar nicht in Anspruch genommen, dadurch müssen teilweise in erheblichem Maße Einzelbetreuungen angesetzt werden. Die ständigen Konflikte führen zum teilweise starken Rückzug, vor allem in aktuellen Konfliktsituationen. Eine emotionale Neutralität ist festzustellen. Es ergibt sich eine eindeutige Minussymptomatik des Patienten. Es muß für den Patienten eine gesonderte strukturierte Planung mit ritualisierten Abläufen eingeführt und durch Intensivbetreuung durchgesetzt werden. Eine Medikation mit Risperdal wird angesetzt. Leichte Besserung der Stimmungslage sowie eine psychische Lockerung und leichte Aktivierung ist festzustellen. Der Patient ist nur eingeschränkt in der Lage, einen altersangemessenen Tagesablauf und diesen auch nur durch enge pädagogische Betreuung und Kontrolle (aufstehen, Zimmerordnung halten, Schule besuchen, Freizeitspiele, Gruppenaktivitäten etc.) zu absolvieren.

Einschränkungen (disability)	Auswirkungen/Soziale Folgen ---> Soziale Benachteiligungen (handicap)
Das Kind kann angetragene Verhaltenserwartungen nur schwerlich erfüllen, weil die mangende Aufmerksamkeitsspanne und innere Unruhe ein ausführliches Zuhören nicht ausreichend ermöglicht. Aufgaben können nicht altersangemessen erfüllt werden. Das ständige Wechselspiel zwischen Aufgaben und Aktivitäten verursacht Chaos. Durch die Übersprunghandlungen werden andere Kinder (Klassenkameraden etc.) in ihrem Bedürfnis nach Ruhe erheblich eingeschränkt. Lernschritte sind nicht angemessen bewältigbar, ein inneres Gleichgewicht ist nicht möglich. Die Reizüberflutung fordert geradezu zu hektischer und chaotischer Betriebsamkeit auf.	Das Kind fällt durch viele Grenzüberschreitungen auf und hat entsprechende Sanktionen zu erwarten. Mehrmals am Tag ist es in Streitigkeiten mit Klassenkameraden verwickelt, wodurch es mehr und mehr Gefahr läuft, gemieden und abgestoßen zu werden. Durch die Umtriebigkeit ist ein erhöter Aufsichtsbedarf gegeben, so daß gelegentlich mit Hausarrest oder mit Druck die Erfüllung gestellter Aufgaben angemahnt wird. Durch die schwache Konzentration gerät das Kind leistungsmäßig bald ins Hintertreffen. Die Unfähigkeit, gestellte Lernaufgaben zielgerichtet zu erfüllen, führt dazu, daß der Lehrer eine Minderbegabung nicht ausschließt. Eine Überprüfung für die Förderschule wird angeregt (Zuschreibungsprozeß). Die ständige Unruhe bringt manche junge Lehrer an den Rand ihrer Belastbarkeit, da auch einige Mitschüler in ihrer Arbeitshaltung erheblich beeinträchtigt werden. Manche Eltern haben sich schon beim Klassenlehrer beklagt. In der Pause wird das Kind mehr und mehr gemieden und ausgegrenzt und gerät plötzlich in eine Sündenbockrolle für in der Klasse fehlgelaufene Prozesse. Die aufkommende Nichtakzeptierung und verschwindender normaler Respekt dem Kind gegenüber führten dazu, daß das Kind in sich selbsterfüllender Prophezeiung das leistet, was Mitschüler, Eltern und vor allem Lehrer ihm zutrauen. Es zieht sich in Resignation zurück. Auswirkungen auf das Sozialverhalten sind nicht mehr auszuschließen (Aggression, Opposition).

111

Erforderlicher Betreuungs- und Förderaufwand Hilfen nach § 27 in Verbindung mit § 34 SGB VIII oder nach § 35/35 a SGB VIII

Gesonderte spezielle Leistungen nach § 35/35 a SGB VIII

Aufgrund der durch die psychische Störung bedingten Einschränkungen und damit verbundenen sozialen Auswirkungen wurde deutlich, daß eine Betreuung in einer Heimregelgruppe von acht Bewohnern und i.a. Regel vier Betreuungskräften nicht leistbar ist. In einer gemeinsamen Helferkonferenz zwischen Jugendamt, Eltern, Patienten, Psychiatrie und Jugendhilfeeinrichtungen (§ 36 SGB VIII) wurde eine Intensivbetreuung innerhalb einer Wohngruppe favorisiert. Alle erkannten eine konkrete und dringende Eingliederungshilfe nach § 35 a SGB VIII. Eine Unterbringung in einer überschaubaren Wohngruppe von max. sechs Plätzen und ausreichender Betreuung wurde angestrebt. Die Unterbringung wurde nach § 27 in Verbindung mit § 35 a SGB VIII befürwortet. Eine entsprechende Kostenverpflichtung des Jugendamtes wurde sichergestellt.

– Als spezielle therapeutische Leistung wurde eine auf ein halbes Jahr begrenzte Unterrichtsbegleitung mit fünf Stunden werktäglich vereinbart.
– Es werden gesonderte Guidance-Strategien und Verhaltenspläne erarbeitet, um den Wasch- und Reinigungszwang sowie den Toilettengang langfristig auf unter 20% der ursprünglichen Zeiten zu reduzieren.
– Weitere Behandlung mit Risperdal vereinbart und als dringend indiziert angesehen wird eine zweimal wöchentlich stattfindende, zu festen Zeiten vereinbarte gesprächsorientierte Psychotherapie.
– Weiter wird eine zweiwöchentlich angesetzte Elternberatung vereinbart.
– Anfallende Fahrtkosten und Spesen des Psychologen und Heilpädagogen und für die Schulbegleitung können gesondert abgerechnet werden.

*Wir gehen von der nach ICD-10 festgestellten, in der Psychiatrie diagnostizierten psychischen Störung **Einfache Aktivitäts- und Aufmerksamkeitsstörung (F 90.0)** aus.*

Diagnostizierte psychische Störung (impairment)	Ausmaß der Störung/Kurzbeschreibung
Einfache Aktivitäts- und Aufmerksamkeitsstörung (F 90.0)	Dem Kind fällt es ausgesprochen schwer, sich einer ihm gestellten Aufgabe längere Zeit zuzuwenden. Meist wird diese vorschnell abgebrochen. Angefangene Tätigkeiten werden oft nicht zu Ende geführt und liegengelassen. Das Kind wird von einer inneren Unruhe getrieben und fällt hierbei durch Übersprunghandlungen (klettern am Baum, dann gleich wieder springen und hüpfen über Hindernisse, mit Stecken gegen Gegenstände schlagen und gleich darauf wieder mit dem Ball kicken etc.) auf. In Ruhesituationen am Tisch fällt das Kind auf durch Zappeln und Hin- und Herwippen. Sich auf den Schulstoff im Unterricht oder während der Schularbeitenzeit zu konzentrieren fällt ganz besonders schwer, so daß ständige Aufforderungsrufe nötig werden. In der Klassensituation gerät das Kind in Gefahr das Schlußlicht zu werden, so daß gelegentliches Nacharbeiten durch den Lehrer angeordnet wird, während der Rest der Klasse Spielstunde hat. Die Schularbeiten werden meist unvollständig beim Lehrer vorgezeigt, weil die Erwachsenen zeitlich und organisatorisch zu einer intensiven Schularbeitenbetreuung nicht in der Lage sind.

Erforderlicher Betreuungs- und Förderaufwand Hilfen nach § 27 in Verbindung mit § 32 SGB VIII oder nach § 35 a SGB VIII	Gesonderte spezielle Leistungen nach § 35/35 a SGB VIII

Aufgrund der durch die psychische Störung bedingten Einschränkungen und den damit verbundenen sozialen Auswirkungen wurde deutlich, daß zunächst eine Unterbringung in einer heilpädagogischen Tagesgruppe entsprechend dem § 32 SGB VIII angestrebt werden soll. Da die Eltern mit der Schularbeitenbetreuung überfordert sind und eine strukturierte und sinnvoll angeleitete Freizeitgestaltung als indiziert anerkannt wurde, stimmte man einer Tagesgruppenbetreuung im überschaubaren Rahmen und ausreichender Betreuung zu. Einig war man sich darüber, daß eine darüber hinausgehende spezielle Förderung dringend notwendig ist.

Das Jugendamt glaubt, durch diese Maßnahme eine drohende seelische Behinderung abwenden zu können und stellt eine entsprechende Kostenverpflichtungserklärung aus.

Als spezielle, über die Tagesgruppenbetreuung hinausgehende Leistung wurde eine intensive ergotherapeutische Behandlung (wenn möglich, über Kasse) bzw. alternativ eine heilpädagogische Übungsbehandlung zur Konzentrationssteigerung zweimal wöchentlich vereinbart. Zudem wurde eine gezielte Einzelförderung während der Schularbeitenzeit mit darüber hinausgehender Spielstunde vereinbart. Erwogen wurde, sollte die angedachte Hilfe nicht den erhofften Erfolg bringen, eine Medikation mit AN-1, mit 2 x 1 Tablette täglich.

Auf Wunsch und Anregung der Betreuer der Tagesgruppe wird auch das heiltherapeutische Reiten 1 x pro Woche als geeignetes Medium für zunächst ein halbes Jahr befürwortet.

112

Wir gehen von der nach ICD-10 festgestellten, in der Psychiatrie diagnostizierten psychischen Störung **Zwangsgedanken und -hand-
lungen gemischt (F 42.2) mit sozialem Rückzug (F 94.8)** aus.

Diagnostizierte psychische Stö-rung (impairment)	Ausmaß der Störung/Kurzbeschrei-bung
Zwangsgedanken und -handlungen gemischt (F 42.2) mit sozialem Rückzug (F 94.8)	Starke Zwangshandlungen in bezug auf Reinlichkeit und Körperpflege. Der Patient zeichnet sich durch verschachtelte Reinigungsvorgänge aus. Zwischen dem Duschen kommt es stets zu Unterbrechungen für erneute Händewaschvorgänge. Zeitaufwand für Duschvorgang dadurch bis zu 2 Stunden. Zudem nach bestimmten Verunreinigungen ebenfalls sofortiger Waschzwang, z.B.

– nach einem Toilettengang
– nach dem Essen
– nach Berührung mit möglicherweise schmutzigen Gegenständen
Zeitlicher Aufwand für Händewaschvorgang bis zu ca. 15-30 Minuten. Duscht sich manchmal heimlich.

Hat bestimmte blasphemische Gedanken im Kopf. Er ordnet Gott negative Eigenschaften zu, hat nebeneinander Gedanken an Gott, Religion, Sakramente, Schmutz und Gedanken sexuellen Inhalts.

In beiden geschilderten Beispielen wird deutlich, daß der Begriff der »seelischen Behinderung« keine medizinisch getroffene Diagnose darstellt, sondern sich erst aufgrund eines erkannten Eingliederungs- und Integrationsbedarfes ergibt, der aufgrund einer medizinischen, sozialpsychiatrisch festgestellten psychischen Störung und durch die mit ihr verbundenen Einschränkungen und sozialen Benachteiligungen festgestellt wird. *J.M. Fegert* geht davon aus, daß Behinderungsbegriffe keine medizinischen Diagnosen darstellen, sondern sozialrechtliche Konstrukte darstellen, welche zur Verwirklichung von Rechtsansprüchen benötigt werden. Seiner Meinung nach ist keine hundertprozentige Übereinstimmung zwischen einer bestimmten Diagnose und der Feststellung einer Behinderung im Einzelfall zu erwarten, vielmehr gälte es, ausgehend von der diagnostischen Beschreibung zu überlegen, wie sehr diese Problematik den betreffenden Jugendlichen an seiner Eingliederung in die Gesellschaft behindert *(J.M. Fegert, 1994)*.

Die Besonderheit des § 35 a SGB VIII ist es, daß der junge Mensch selbst Anspruchsberechtigter ist. Egal, wie die für ihn angedachte Hilfe aussehen mag, ob Unterbringung in einer Tagesgruppe nach § 32 SGB VIII oder Heimerziehung nach § 34 SGB VIII, geht es darum ihm darüber hinausgehende eingliederungs- und integrationsdienliche Hilfen und spezialisierte Dienstleistungen anzubieten und als Pflichtleistung anheimzustellen.

Vergegenwärtigen wir uns die beiden zuvor gemachten Beispiele, können wir davon ausgehen, daß es sich bei dem sozialrechtlichen Konstrukt der »seelischen Behinderung« um einen Zuschreibungsprozeß handelt, der bei sorgfältiger Betrachtung durch Pfleger, Betreuer, Ärzte und Therapeuten nach eingehender medizinischer Diagnose und den damit verbundenen Risiken einer drohenden oder bereits eingetretenen sozialen Benachteiligung getätigt wird.
Allerdings ist nochmals deutlich darauf hinzuweisen, daß eine vorliegende psychische Störung alleine eine Zuschrei-

bung nicht rechtfertigt. Vielmehr stehen alle am Heilungs- und Gesundungsprozeß Beteiligten in der hohen Verantwortung, durch konkrete Beobachtungen in unterschiedlichen Alltagsabläufen und in mehr als einer konkreten Lebenssituation (z.B. Schule, Gruppe, Klinik, Familie etc.) eigene Leitlinien zu entwerfen, die berechtigterweise den Leistungstatbestand des § 35 a SGB VIII »Eingliederungshilfe« treffen.

Nur wenn eine einfühlsame, zielgerichtete und differenzierte Einschätzung möglich gemacht wurde, ist der damit verbundene Zuschreibungsprozeß der »seelischen Behinderung« im Interesse des betroffenen jungen Menschen als Positivum anzusehen, weil er grundlegende Bedürfnisse nach Akzeptanz, Integration und Selbstbehauptung in unserer leistungsorientierten Gesellschaft berücksichtigt und durch Sicherstellung entsprechender Hilfen untermauert.

Gerade Erzieher und Sozialpädagogen, die mit der Betreuung schwieriger Kinder und Jugendlicher betraut sind, klagen über mangelnde Kenntnisse und unzureichende diagnostische Leitlinien, um eine drohende oder schon vorhandene seelische Behinderung zu erkennen.

Es muß daher originärer Auftrag der verantwortlichen Trägervereine von Kliniken und Jugendhilfeeinrichtungen, Beratungsstellen und Schulen sein, durch adäquate Fortbildungsangebote den Mitarbeitern entsprechende Medien und Mittel an die Hand zu geben. Ich spreche hierbei vor allem das noch immer vorherrschende Defizit eines »gezielten Beobachtens und Erkennens« bei vielen in der Heimerziehung Tätigen an. Es bleibt zu hoffen, daß die um sich greifende Kooperation zwischen Jugendhilfe und Jugendpsychiatrie sowie ein hoffentlich neu aufkommendes Verständnis der Heimerziehung und Jugendhilfe überhaupt, was die Dringlichkeit einer interdisziplinären Sichtweise sozial- und heilpädagogischer Heimerziehung angeht, dazu führen mag, daß die ICD-10 als klinisch-diagnostische Leitlinien öffentliche Anerkennung in der Jugendhilfe finden.

Wie aber kann durch in der Jugendhilfe tätige Mitarbeiter (Erzieher, Heilpädagogen, Sozialarbeiter, Psychologen) das

114

Vorliegen einer möglichen seelischen Behinderung in einen Bericht gefaßt werden, der einen Eingliederungsbedarf nach § 35 a SGB VIII für das Jugendamt erkennen läßt, wenn bisher keine getroffene medizinische Diagnose vorherrschte?

Es folgt eine Beschreibung eines ganz konkreten Falles aus unserer Praxis:

Betreff: Max L., geb. am 12.11.1982 (Daten geändert)
Hier: Entwicklungsbericht mit Erstdiagnose
Berichtszeitraum: 11.08.1995 – 15.12.1995

Sehr geehrte Damen und Herren,

wir berichten über den o.g. Jungen, der am 11.08.1995 in unserer Einrichtung nach den §§ 27/34 SGB VIII aufgenommen wurde. Vor seiner Heimunterbringung war Max in keinerlei stationärer, ärztlicher oder pädagogischer Betreuung, so daß es aus unserer Sicht als notwendig erkannt wurde, eine differentialdiagnostische Einschätzung zu Max abzugeben, der doch im Verlauf seiner Unterbringung durch erhebliche Einschränkungen im Bereich des Denkens, der Aufmerksamkeit und des Sozialverhaltens als auffällig und von einer seelischen Behinderung bedroht angesehen werden muß.

Über die kindliche Biographie von Max kann nur auszugsweise aufgrund fehlender Dokumentation und beruhend auf Aussagen von Max selbst und seiner in Deutschland lebenden Tante eingegangen werden. Max wurde im ehemaligen Jugoslawien in Kosinci bei Bosanska Gradiska geboren. Beide Elternteile werden von der Tante als Alkoholiker beschrieben. Von Geburt an gab es erhebliche Spannungen im elterlichen Verhältnis, was sich auf die Entwicklung von Max ungünstig ausgewirkt hat. So war das Verhältnis des Vaters zu Max geprägt durch körperliche Züchtigung und Unverständnis für kindliche Interessen. Die Mutter kann als wortkarg und mit der Erziehung von Max überfordert und emotional kühl und distanziert beschrieben werden. Die bäuerliche Umgebung, das landwirtschaftliche Anwesen führten dazu, daß Max schon ab seinem vierten Lebensjahr Vieh auf der Weide hüten mußte und keinerlei Möglichkeiten sah, adäquaten Umgang mit Gleichaltrigen zu pflegen. Festzuhalten ist aufgrund anamnestischer Befragungen, daß Max seit früher Kindheit seine eigentlichen intrinsischen und regressiven Bedürfnisse zugunsten von Anpassung und Unterordnung leugnen mußte, was zwangsläufig zu frühkindlichen Deprivationsschädigungen geführt hat. Max kam im Jahr 1992 völlig überraschend als unbegleitetes Flüchtlingskind nach Deutschland, wo er, zunächst vor den Behörden verheimlicht und nicht krankenversichert, bei seiner Tante Unterschlupf fand. Es kann angenommen werden, daß Max diesen Kulturschock bis heute nicht verwunden hat und Kriegstraumata, erhebliche Verlustängste, Zukunftssorgen bis zum Zeitpunkt der Aufnahme in unsere Einrichtung nicht erkannt wurden und somit bisher nicht ausreichend behandelt werden konnten.

Die dreieinhalb Jahre bei seiner Tante beschreibt Max als anstrengend. Er habe bei seiner Tante funktionieren und ewige Dankbarkeit zeigen müssen. Immer wieder sei ihm vorgehalten worden, wie schlecht er eigentlich sei und wie gut er es dennoch bei seiner Tante habe. Die ewigen Vorhaltungen, die ewige Nörgelei an seinem Verhalten, an seiner Art, wie er Freundschaften zu Gleichaltrigen suchte, habe ihn immer mehr die Tante hassen lassen. Zweimal sei er nach der Schule abgehauen, habe aber dann den Mut verloren und sei wieder zur Tante zurückgekehrt. Manchmal habe er einfach nur tot sein wollen.

Nach Aufnahme in unserer Einrichtung war es unserer Einrichtung wichtig, den Kontakt zur Restfamilie (Tante mit Lebenspartner) im Interesse für Max aufrechtzuerhalten und zu fördern. Nachdem Max aber bei allen Treffen, Besuchswochenenden und Kurzbesuchen sich nur Vorhaltungen und Kränkungen, ja teilweise heftigen Beschimpfungen und Abwertungen durch die Tante ausgesetzt sah, wurde durch die Heimleitung der Kontakt bis auf weiteres abgebrochen, da Max sehr geknickt war und ein zunehmend »negatives Selbstkonzept«, verbunden mit erheblichen Selbstzweifeln und der Frage nach seiner Lebensberechtigung, entwickelte. Zu diesem Zeitpunkt war eine emotionale Neutralität im Erleben und Verhalten von Max festzustellen.

Nach anfänglichen Anpassungsschwierigkeiten wurden vor allem im schulischen Rahmen die Verhaltensauffälligkeiten deutlich, welche nur schwerlich eine Integration im Klassenrahmen, aber auch die Anerkennung der Erwachsenen zuließ. Mehr und mehr wurden Max' Schwierigkeiten erkennbar, sich im Unterricht zu konzentrieren, sich an Verhaltensmaßregeln zu halten und entsprechende Anpassung und Leistungserfordernisse zu erfüllen. In Konflikt- und

Streßsituationen mit Mitschülern war Max leicht erregbar, zeigte Drohgebärden und schlug recht schnell zu. In sich anschließenden Gesprächen zur Konfliktbewältigung mit den Erwachsenen zeigte er sich uneinsichtig, ja es schien, als erlebe er die Klärung als massive Bedrohung seines »Selbst« und Infragestellen seiner Person. Für Kritik kaum zugänglich, abwehrend und trotzend, teilweise oppositionell, war es ihm nur schwer möglich, sein Verhalten entsprechend zu verändern. Vor allem in Beziehung zum Klassenverband, aber auch in der Kleingruppe wurde Max' Bedürfnis nach Beachtung und Bewunderung, nach Stark-sein-Wollen und Anerkanntsein durch Gleichaltrige, Ältere oder Jüngere exemplarisch. So produziert er sich in einem fast unerträglichen Maße und verließ dabei sehr schnell jegliche Grenzen des Anstandes, schoß über das Ziel hinaus und konnte sein Verhalten nicht mehr zu der ihn umgebenden sozialen Situation angemessen in Beziehung setzen. Daß er dadurch sehr schnell in krassen Widerspruch zu an ihn gestellten Verhaltenserwartungen der Schule, Gruppe geriet, schien ihm in der aktuellen Situation nicht gewahr zu sein.

Im März 1996 mußte Max aus der öffentlichen Hauptschule herausgenommen werden, weil ihn die Klassengröße zu überfordern schien und er mehr und mehr Klassen- und Schulregeln in Frage stellte, dagegen anging, durch häufiger auftretende Leistungsverweigerung und Weglaufen in Konfliktsituationen auffiel. Da Max aufgrund seines Verhaltens zunehmend in eine Sündenbockrolle zu geraten drohte, wurde eine Umschulung in eine Schule für Erziehungshilfe mit dem Bildungsgang der Hauptschule vorgenommen. Die dortige Klassensituation in der Klasse sechs schien ihn zunächst anzusprechen. Max zeigte ein angepaßtes Verhalten (auch wegen einer vereinbarten Probezeit), bemühte sich, sich an den an ihn gestellten Erwartungen zu orientieren. Doch schon nach vier Wochen nahmen Vehaltensprobleme, Anpassungsschwierigkeiten und teilweise Leistungsverweigerung mit oppositionellem Verhalten zu, so daß nach mehreren Gesprächen mit den Lehrern ein dortiger Verbleib vorzeitig in Frage gestellt wurde.

Aufgrund dieser Anpassungs- und Verhaltensschwierigkeiten haben wir in den vergangenen Wochen in Kontakt mit den Therapeuten des Fachdienstes und unter Zuhilfenahme unseres Kinder- und

Jugendpsychiaters anhand entsprechender Testverfahren, weiterer gezielter Verhaltensbeobachtungen im schulischen wie auch im Gruppenrahmen, anhand von Beobachtungen des Freizeitverhaltens sowie weiterer Abklärungsprozesse folgende psychische Störung als Diagnose treffen können:

Hyperkinetische Störung mit Störung des Sozialverhaltens (F 90.1)

Der genannten Störung nach ICD-10 liegt eine emotionale Störung des Sozialverhaltens, einhergehend mit oppositionellem, aufsässigem Verhalten zugrunde.

*Bei der genannten Störung imponiert, daß das »sozialstörende Verhalten« meist andere, als den Betroffenen selbst stört. Dadurch ergibt sich die soziale Benachteiligung, wodurch sich mittelfristig eine **seelische Behinderung** zu entwickeln droht.*

Die diagnostizierte Störung ergibt sich aufgrund nachfolgend beschriebener Leitsymptome, die sich durch wochenlange Beobachtungsraster in Schule, Gruppe und Freizeit ergaben:

Leitsymptom 1 – Störung der Aufmerksamkeit

Bei Max ist eine angeborene Reizfilterschwäche bei gleichzeitig gegebener Reizoffenheit zu vermuten. Sein Gehirn ist spontan und ständig auf der Suche nach neuen, interessanten Reizen. Der Störung, so darf weiterhin vermutet werden, liegt ein zu hoher Spiegel an weiterleitenden Neurotransmittern einerseits und ein Mangel an hemmenden Neurotransmitterfunktionen im Bereich des Stammhirns, speziell des Reizfilterzentrums zugrunde. Die Informationsverarbeitung an sich ist nicht beeinträchtigt. Die Fliege am Fenster ist leider so interessant wie der Lehrer an der Tafel, zusammen mit der Aufgabenstellung werden dann auch noch alle möglichen anderen Informationen aus dem Umfeld aufgenommen, was zu Lasten der Aufgabenerfassung geht. Die Daueraufmerksamkeitsspanne ist dadurch erheblich beeinträchtigt, die gestellte Aufgabe wird frühzeitig abgebrochen oder schlampig und überhastet zu Ende geführt.

Leitsymptom 2 – Impulsivität

Max fällt auf durch eine ausgeprägte Impulssteuerschwäche, da vermuteterweise ebenfalls im Stammhirn die Impulse zu wenig gehemmt werden. Im sozialen Kontext ist Max sehr impulsiv, reagiert sofort erregt, wird laut im Tonfall, auch schnell beschimpfend und abwertend. Meist reagiert er in angespannten Situationen (Streit, Verhaltensmaßregelung durch Erwachsene) situationsunangemessen, spontan verbal sich verteidigend und wenig einsichtig.

Er hat hierbei enorme Schwierigkeiten, impulsives Reagieren willentlich zu steuern, was bei der Umwelt (Schule, Gruppe, Freizeit, Spiel) dann Reaktionen hervorruft, die Max verunsichern, verblüffen, z.T. tief betroffen machen, wobei diese Verstummtheit aggressiv oder trotzig blockend, unnachgiebig aussieht, entsprechend seinem Antriebsdruck.

Im kognitiven Bereich fällt Max durch oberflächliches, überhastetes, teilweise unreflektiertes, vorschnelles Vorgehen bis hin zu schnellem und richtigem Entscheidungsfinden auf, wobei er dann bei der sich anschließenden Korrektur oder Hilfestellung durch den Erwachsenen wie festgenagelt wirkt und auf seiner Lösung beharrt. Typischerweise fehlt das Suchen nach Überblick, ein gezieltes Abgleichen ist ihm nicht möglich, erstbeste Lösungen werden akzeptiert. Gerade bei der erstellten Aufgabenstellung (Schulaufgaben, Lernaufgaben, Haushalt, Putzarbeiten etc.) ist Max zwar recht schnell fertig, aber es unterlaufen ihm bei der Bewältigung viele Fehler. Eine deutliche Tempodominanz gegenüber einer sachzentrierten Inhaltsorientierung herrscht vor.

Leitsymptom 3 – sofortiges Gratifikationsbestreben

Max kann nur schwer abwarten, bis er an die Reihe kommt. Sein tiefes Bedürfnis, allen anderen immer ein Stück voraus zu sein, führt dazu, daß er vorschnell aus sich herausplatzt, sich sofort äußern muß, da er sonst zu vergessen droht. Wenn er sich etwas vorgenommen hat, muß er es durchsetzen, er duldet nur schwerlich eine Verzögerung. Dies führt immer wieder dazu, daß er Erwachsene und Gleichaltrige (Schüler, Mitbewohner seiner Gruppe) anlügt oder Absprachen zu umgehen versucht. Die vorhandene Impulssteuerschwäche verunmöglicht es ihm, neu aufgetretene Reizimpul-

se zu unterdrücken oder erst in einer angemessenen Situation auf deren Befriedigung auszuweichen.

Leitsymptom 4 – Vergeßlichkeit
Max vergißt ihm übertragene Aufgabenstellungen sehr häufig. Vor allem Dinge, die ihm wesensfremd sind, ihm nicht vordergründig viel bedeuten, lästig sind (Putzarbeiten, Kochen, Kehren etc.), ihn in seinem Freiheitsstreben einschränken, werden schnell vergessen. Sie sind aus der Hirnfunktionsstörung heraus zu erklären und sind weniger als willentlich gesteuerte Verweigerungen anzusehen. Sie prägen sich nicht intensiv genug ins Gedächtnis, weil sie einer extrinsischen Motivation, nicht jedoch seiner intrinsischen Motivation entsprechen.
Diese Beobachtung trifft auf viele durch Erwachsene an ihn herangetragene Aufgabenstellungen zu.

Leitsymptom 5 – motorische Unruhe, Hyperaktivität
Dies ist das wohl bemerkenswerteste Merkmal von Max. Sein gesamter Bewegungsablauf ist von fahrigen Armbewegungen, großen Schritten, häufigem Rennen gekennzeichnet. Er spricht übermäßig laut, braucht immer Aktion, klatscht die Haustüren zu, hat nur wenig Gefühl für den Umgang mit Gegenständen. Im Unterricht wirkt er kasperig und unruhig, kann nur kurze Zeit ruhig sitzen bleiben, dreht sich sehr häufig im Unterricht oder am Essenstisch herum und versucht die Aufmerksamkeit auf sich zu lenken.

Besondere Merkmale sind zudem:
- *eine ausgeprägte Affektlabilität mit Stimmungsschwankungen*
- *auffallender Gerechtigkeitssinn (nicht nur für sich, sondern auch für andere)*
- *auffallende seelische Entwicklungsverzögerung (frühkindliche Deprivation) gegenüber altersgemäßer intellektueller und körperlicher Entwicklung im Sinne noch ausgeprägter Verspieltheit*
- *oftmals distanzlos wirkendes Verhalten*

Wir empfehlen daher folgende, über die Gruppenbetreuung (Heimerziehung nach § 34 SGB VIII) hinausgehende therapeutisch-be-

gleitende Maßnahmen, um den Integrationsprozeß in der Schule und im Heim aufrechtzuerhalten und sicherzustellen. Da diese besonderen Maßnahmen den Leistungstatbestand des § 35 a SGB VIII »Eingliederungshilfe« für seelisch behinderte oder von **seelischer Behinderung** bedrohte Kinder betrifft, bitten wir, eine Anspruchsberechtigung des Betroffenen zu überprüfen und dieser stattzugeben:

- gesprächsorientierte Psychotherapie als entlastungsbietendes Moment, um die Kriegstraumata und Trennungsängste zu bearbeiten (1wöchentlich 60 Minuten)

- ergotherapeutische Behandlung zur Schulung der Konzentration und Aufmerksamkeit (2wöchentlich je 45 Minuten)

- stundenweise heilpädagogische Unterrichtsbegleitung zunächst für ein halbes Jahr durch einen Erzieher

- medikamentöse Behandlung mit AN-1 (1 Tablette morgens) zur Steigerung der Aufmerksamkeitsspanne und zur psychischen Lockerung

Wir bitten so bald wie möglich um einen Hilfeplantermin, um gemeinsam mit Ihnen, den Eltern, den Betreuern und unserem Heimarzt die weitergehenden Hilfen nach § 27/34 SGB VIII sowie die Eingliederungshilfen nach § 35 a SGB VIII zu erörtern und festzuschreiben.

Mit freundlichen Grüßen

6.2 Die Notwendigkeit »Behinderung« als Geborenes und Gewordenes zu akzeptieren

Diese Frage betrifft in zentraler Weise die mit der Betreuung und Lebensbegleitung beauftragten Mitarbeiter in den Kliniken, Jugendhilfeeinrichtungen, Schulen, sozialen Diensten und Beratungsstellen, die ja bisher die Etikettierungsmacht innehaben und von daher in der besonderen Verpflichtung stehen und es als ihren gesellschaftlichen und politischen Auftrag ansehen müssen, grundsätzliche Lebensverbesserungen in der sozialen Umwelt anzumahnen.

Es kann also nicht nur damit getan sein, Menschen durch einen Zuschreibungsprozeß entsprechende Hilfen anheimzustellen, ohne die sie umgebende Umwelt auf diesen Menschen mit seinen Schädigungen, Handicaps und dadurch eingetretenen sozialen Einschränkungen entsprechend zur Toleranz zu erziehen.

Behinderung schafft Leid. Leid bei Müttern und Vätern, die sich auf ein gesundes Kind vorbereitet und gefreut haben und nun ein Kind mit schweren organischen Mängeln und Abweichungen bekommen haben. Leid bei diesen Kindern selbst, die schon früh mit dem Vermeidungsverhalten ihrer Umwelt umzugehen lernen müssen, ohne daran zu zerbrechen. *Hanselmann* stellte bereits in seiner »Heilpädagogik« fest, daß selbst unheilbar Kranke zwar leidende Individuen sind, aber leidend geworden sind aus Gründen der Unvollkommenheit der menschlichen Gesellschaft.

Und *A. Mehringer* stellt fest, daß Leid nicht weggeplant werden könne, auch nicht in unserer modernen, fortschrittlichen Welt. Es ist da. Es kommt von weitem her, führt er aus. Zum Wesen des Menschen gehört seine Gebrechlichkeit, seine Krankheit, die Unsicherheit von heute auf morgen, das Leid – auch das von ihm selbst oder anderen nicht verschuldete Leid, auch das Leid der Schuld (*A. Mehringer, Eine kleine Heilpädagogik, Reinhardt, 1987*).

Die Feststellung Mehringers entlastet uns, weil in den wenigsten Fällen geborenes oder entstandenes Leid durch die soziale Umwelt geschaffen und provoziert worden ist. Wir sind nicht schuldig geworden, haben keine Bringschuld auf uns geladen, außer die, das Fundament der Grundwerte des Menschseins, den Wert des Menschen an sich zu erkennen. Welche sozialen und personalen Erfordernisse sind von daher durch die soziale Umwelt zu erbringen?

Es ist

1.) die Unverletzlichkeit des Menschen

--------> sein Recht auf Sosein, wie er ist, auf uneingeschränkte Teilhabe am gesellschaftlichen Leben

2.) die Würde

--------> Gleiche Rechte auf Schulbildung, Erziehung, Förderung, Achtung und Wertschätzung

3.) die gleiche Rechtsstellung

--------> Grundrechte gelten für alle, auch für Behinderte

4.) das Person-Sein

--------> Der Behinderte ist ein Mensch, nur hilfebedürftiger. Gerade aus dieser Kenntnis heraus erwächst unsere besondere Verantwortung

Solange wir Behinderung als Ganzes nicht akzeptieren können, besteht die Gefahr, daß sich die professionalen Dienste in Psychiatrie, Pädiatrie, Jugend- und Behindertenhilfe allzusehr an den Behinderungen und Einschränkungen ausrichten und der behinderte Mensch erst dadurch in Isolation und Abhängigkeit zu geraten droht. Der Anspruch, Behinderung zu vermeiden, gar zu besiegen, mag dazu führen, daß nur das Behinderungsspezifische, nicht aber das menschlich-zentrale Anliegen nach Autonomie, Akzeptanz, selbstbestimmende Hineinnahme in die Gemeinschaft und Unabhängigkeit Beachtung findet. Das Zulassen der Behinderung, die auch mich als Erwachsenen ganz zentral betreffen mag, verringert in enormem Maße den Anpassungsdruck, dem heute eine Vielzahl von Menschen mit ihren unterschiedlichen Behinderungsformen ausgesetzt ist. Vielmehr muß es darum gehen, Menschen mit Behinderungen so zu erziehen und zu fördern, daß sie für unsere Gesellschaft einen Beitrag leisten können und die soziale Umwelt erst durch die Erziehung zu Akzeptanz und Verständnis, diesen geleisteten Beitrag zu erkennen, imstande ist.

6.3 Die Wechselbeziehung zwischen der Behinderung eines Menschen und dem »Behindertwerden« durch die Gesellschaft

Behinderung als komplexer und normativer Begriff läßt sich – ähnlich wie Erziehung – als Prozeß und Ergebnis verstehen. Demnach wird Behinderung als Entwicklungsprozeß mit abweichenden Tendenzen durch einen bestimmten Auslöser in Gang gebracht. Der Auslöser kann für den einzelnen Menschen ein organischer Defekt (als primäre Behinderung), eine Schädigung, ein physisches Handicap, ein diskreditierendes Attribut, eine irgendwie auffallende Abweichung vom Üblichen oder Erwarteten sein *(siehe Speck, Otto: System Heilpädagogik, Seite 163, Reinhardt, 1987)*. In den Empfehlungen des Deutschen Bildungsrates (1973) wird darauf abgehoben, daß Behinderungen ihren Ausgang in den Beeinträchtigungen des Sehens, des Hörens, der Sprache, der Stütz- und Bewegungsfunktionen, der Intelligenz, der Emotionen, des äußeren Erscheinungsbildes oder in chronischen Krankheiten nehmen.

Wir gehen als davon aus, daß jeder wahrnehmbaren und festgestellten Einschränkung im Erleben und Verhalten eines Menschen eine organische Schädigung, eine schwierige psychische Verfassung, emotionale und/oder soziale Mangelzustände oder andere Defekte oder chronische Erkrankungen zugrunde liegen. Das für die pädagogische Betrachtungsweise Bedeutsame liegt in der Einsicht, daß etwa eine organische Schädigung (Physiognomie, Klumpfuß, Contergan u.a.) als solche noch nicht die Behinderung an sich darstellt, sondern diese erst auslöst, weil sie in erheblichem Maße von den Erwartungen, Einstellungen, ästhetischem Anspruchsdenken, Vorstellungen der sozialen Umwelt vom »Menschsein« abhängt. *Speck* führt weiter aus, daß ein derartiges Attribut durch die soziale Umwelt wahrgenommen werden muß, soll Behinderung und die damit drohende Benachteiligung als signifikanter Prozeß überhaupt in Gang kommen. Mit dieser Feststellung wird wieder der Zuschreibungsprozeß angesprochen, der im wesentlichen von den Beobachtungen, Einstellungen und Haltungen der sozialen Umwelt und der in ihr vorherrschenden Normen, Werthaltungen und Ethikansprüchen abhängt.

Bei der Frage, unter welchen Bedingungen ein Behinderungsprozeß als abweichender Entwicklungsprozeß signifikant wird, sind zwei Faktoren »zu betrachten«:

– die soziale Umwelt (im weiteren Sinne die Gesellschaft)

– das Selbst des betroffenen Menschen

Das *soziale Selbst* des von Handicaps, von einer Behinderung Betroffenen erwächst und reift nur in dem Maße, wie die soziale Umwelt es zuzulassen vermag. Er ist über die Reaktionen anderer, über den Vergleich mit anderen, über das Ausüben bestimmter ihm zugedachter Rollen in so eklatanter Weise abhängig geworden und versucht sich so als Person, als Mensch mit dem ureigenen Bedürfnis, Mensch wie andere Menschen zu sein, zu definieren.

Diese Selbstdarstellung wird erschwert, wenn ein Mensch stigmatisiert, mit einem Makel versehen ist und infolgedessen sich ein Vermeidungsverhalten offenbart und durch negative Aufmerksamkeit untermauert wird. Das erst durch solche Reaktionen dem Betroffenen die Möglichkeiten des *(Nach-)*-Reifens, des Wachsens, der Übernahme von Aufgaben genommen werden und vorhandene Anlagen verkannt und unzureichend gefordert werden, droht den Betroffenen in Isolation und Ausgrenzung zu stürzen und trägt zu einem gestörten Selbstbild und, damit verbunden, zu sozialstörendem Verhalten, Verkümmerung, Gebrechlichwerden und zu psychischen Deformationen bei.

Die *soziale Umwelt* kategorisiert und stellt generalisiert Abweichungen fest. Es geschieht dies durch die verschiedensten Gruppen und Sozialisationsinstanzen: durch eine Familie mit ihren Erwartungen, eine Spielgruppe mit ihren Regeln, die

Schule mit ihren Anforderungen und Leistungserfordernissen, die Gesellschaft mit ihren Vorurteilen, den Beruf mit bestimmten Arbeitsanforderungen.

Nach *Speck* sind es die jeweils geltenden Normen und die entsprechend wertenden und kontrollierenden Instanzen (Eltern, Erzieher, Lehrer, Betriebe, Ärzte, Therapeuten, Polizei etc.), von denen her signifikante Abweichungen ausgemacht werden. Ist eine Auffälligkeit sozial wahrgenommen, die vor allem die sozialkontrollierende Instanz betreffen mag, hat sie also Signifikanz (Bedeutung) gewonnen. Die Reaktionen von seiten der Umwelt können recht verschieden sein. Sie betreffen so *Speck*, im wesentlichen die Dimension der Akzeptanz bzw. Nichtakzeptanz und, damit verbunden, die der Förderung und Integration bzw. der Isolation und Vernachlässigung. Hierzu ein Beispiel.

Frieder, 11 Jahre, besucht die 4. Klasse der Grundschule. Seine Klassenlehrerin unterstellt ihm durchweg eine durchschnittliche Intelligenz, gleichzeitig aber unterstellt sie ihm ein hohes Maß an Trägheit, ja Faulheit. Zudem hat sie ihn sowieso auf dem Kieker *(Wortlaut der Mutter)*, weil sich Frieder nichts sagen läßt, der Lehrerin auch schon mal den Stinkefinger gezeigt hat und, um der Lehrerin eins auszuwischen, auch mal die Unterrichtsteilnahme verweigert.

Die ersten Klassenarbeiten lagen alle im Notenbereich zwischen ausreichend und unbefriedigend. Und überhaupt ist Frieder uninteressiert, wahrscheinlich, so die Lehrerin plötzlich, überfordere ihn der Lernstoff. In der mehrmals einberufenen Lehrerkonferenz wird von der Lehrerin ein Wechsel an eine Förderschule für Lernbehinderte angeregt. Die Mutter wird zu einem Gespräch geladen und über die Überlegungen unterrichtet. Sie wehrt sich gegen die pauschale Abwertung ihres Sohnes als Lernbehinderten und wirft der Lehrerin und der Schule Unfähigkeit bei der Bewältigung der Verhaltensprobleme ihres Sohnes vor. Konkret unterstellt sie der Schule, sie wolle Frieder abschieben, weil er vorlaut und unbequem sei und Schulstrukturen in Frage stelle.

Anhand des aufgeführten Beispiels können wir leider eine immer noch recht gängige Verfahrensweise im deutschen Schulwesen nachvollziehen.

Die Schule und die in ihr tätige Lehrerin hat bestimmte Verhaltenserwartungen ihren Schülern gegenüber, die sie durch bestehende Normen und Regeln zu fördern und aufrechtzuerhalten sucht. In allererster Linie haben diese geltenden Normen und Vorstellungen reglementierende und vorschreibende Funktionen, was das Verhalten, die Lernbereitschaft und Unterordnung der Schüler betrifft. Sie orientieren sich demnach an Vorstellungen, wie sie die Erwachsenen für vertretbar halten im Sinne eines reibungslosen Schulablaufs ohne Widerspruch, ohne Schwierigkeiten und Disziplinlosigkeit. Sie orientieren sich in den wenigstens Fällen an den Bedürfnislagen der Schüler und an ihren individuellen Voraussetzungen (Schulangst, Leistungsüberforderung, entwicklungspsychologische oder sozioökologische Hintergründe). In diesem Fall steht Frieder mit seiner Einschränkung im krassen Widerspruch zu schon bestehenden und wahrscheinlich bewährten Schulregeln und Normen. Sein Verhalten bzw. seine Verweigerung erleben die Lehrerin und die Schule als schlichte Provokation und narzißtische Kränkung, ja als freches Aufbegehren und Infragestellen der Schulstrukturen. Die Unfähigkeit der Schule und die Starrköpfigkeit der Lehrerin, sich konkret in sachlicher Form der möglichen Ursachen der Verhaltens- und Lernstörungen Frieders gemeinsam mit der Mutter zuzuwenden, um eigene Strukturen nicht hinterfragen zu müssen, führt zu Überlegungen, wie Frieder am besten von der Schule zu verweisen ist. Die schlechten Noten, die mehr einer Verweigerungshaltung und einer Überforderung der Eltern zuzuschreiben sind, veranlassen die Lehrerin und die Schule, dem Schüler eine Lern- und Leistungsstörung auf dem Hintergrund einer vielleicht doch schwachen Intelligenz zuzuschreiben. Damit ist der Weg frei für eine Überprüfung auf Sonderschulbedürftigkeit, womit einer Stigmatisierung Vorschub geleistet wird. Es ist zu befürchten, daß diese Etikettierung erst recht zu Schulversagen und zu Verhaltensproblemen führen wird, da einerseits die Stigmatisierung als Bestrafung erlebt, andererseits Frieder zur Bestätigung seines Verhaltens auf entsprechende Verhaltensweisen zurückgreifen wird, um die Erwachsenen in ihrem Bild zu bestätigen.

»Schon *Paul Moor*, der große Heilpädagoge aus der Schweiz, stellt fest, daß immer dort, wo ein Kind versagt, wir Erwachsenen nicht zu fragen haben, was wir gegen sein Verhalten tun. *Moor* führt aus, pädagogisch wichtiger sei die Frage, was wir für das tun, was werden sollte und werden könnte.«

6.4 Gibt es die bewußte Stigmatisierung, um Rechtsansprüche auf adäquate Hilfen im Interesse betroffener junger Menschen durchzusetzen und zu sichern?

Die eben gestellte Frage ist deshalb eine kurze Abhandlung wert, weil der Leistungstatbestand der Eingliederungshilfe nach § 35 a SGB VIII ganz konkret den jungen Menschen mit seiner ihm drohenden seelischen oder bereits eingetretenen seelischen Behinderung als Anspruchsberechtigten definiert. Somit hat jeder junge Mensch, der aufgrund einer festgestellten psychischen Störung (siehe § 36 »Hilfeplan« Abs. 3 SGB VIII) in seiner Integration, seiner Selbstaktualisierung und Eingliederung soziale, schulische oder berufliche Nachteile zu erwarten hat, Anspruch auf angemessene Eingliederungshilfen. Diese Änderung der Anspruchsgrundlage, die bisher ja in den Hilfen der § 27-35 SGB VIII die Personensorgeberechtigten, in aller Regel die Eltern, als Anspruchsberechtigte sah, hat in der vor allem gegenwärtig geführten Spardiskussion zu erheblicher Verunsicherung und Verärgerung auf Kostenträgerseite geführt. Manche Bundesländer haben im Rahmen ihrer Landesausführungsgesetze den Leistungstatbestand auf § 35 a SGB VIII einfach in Abrede gestellt und als für ihr Bundesland nicht relevant erklärt. Und trotz der Tatsache, daß die Eingliederungshilfe seit 01.01.1995 endgültig dem KJHG übertragen wurde, versuchen immer noch viele örtliche Kostenträger, einen festgestellten Eingliederungsbedarf für junge Menschen, welcher in der Regel durch entsprechende Fachärzte meist nach länger anhaltenden Psychiatrieaufenthalten erkannt wurde, in Abrede zu stellen. Selbst *J.M. Fegert* weist in einem Positionspapier *(Vortrag am 15.5.1996 in Hohenwart, Veranstaltung des EREV e.V.)* darauf hin, daß der § 35 a SGB VIII derzeit dringender denn je benötigt werde, und je angespannter die ökonomischen Verhältnisse werden, um so schwieriger würde es, gerade für psychisch beeinträchtigte Kinder und Jugendliche Hilfen umzusetzen. Um so notwendiger wird nach *Fegert* der § 35 a als eigenständige Bestimmung in den nächsten Jahren sein.

Die Feststellung *Fegerts* mag auf seiten der Kostenträger Unbehagen und Verärgerung hervorrufen. Und es sollte ihm nicht zum Nachteil oder gar zum Vorwurf gemacht werden, geradezu einer bewußten Stigmatisierung Vorschub zu leisten. Vielmehr umschreibt er die Sorge, daß die Entscheidung für eine adäquate Eingliederungshilfe zu sehr vom Kostendruck der örtlichen Kommunen und weniger vom Schadensbild und der drohenden Benachteiligung abhängig gemacht wird. Natürlich muß hier die stationäre Jugendhilfe auch sehr vorsichtig umgehen. Die Sorge, daß überforderte Einrichtungen unbequeme Zeitgenossen unter Hinweis auf eine vorliegende seelische Störung in die Psychiatrie abzuschieben versuchen, mag durchaus begründet sein. Daß in der stationären Jugendhilfe tätige Fachkräfte jedoch die Berechtigung nicht abgesprochen werden sollte, schwieriges Verhalten, möglicherweise vorliegende emotionale und seelische Störungen zu beschreiben und eine Aussage über weitergehende Hilfe zu treffen, müssen auch Sozialarbeiter der Kostenträger bedenken. Und es gibt nach wie vor viele Kinder und Jugendliche in der Heimerziehung, die aufgrund ihrer Störungs- und bisher nicht immer erkannten Krankheitsbilder tiefgreifender Hilfen bedürfen. Es muß und darf auch originärer Auftrag der Heimerziehung sein, in der Fortschreibung der Erziehungsarbeit auch immer den konkreten Eingliederungsbedarf und das wesentliche Integrationsbedürfnis psychisch gestörter junger Menschen zu benennen. Daß sich hier natürlich unterschiedliche Standpunkte zwischen Einrichtung und Kostenträger ergeben, scheint nachvollziehbar.

Die Kostenträger müssen erkennen, daß es die seelisch behinderten Kinder und Jugendlichen gibt, die aufgrund vorhergegangener seelischer Beeinträchtigungen und erlittener Mangelzustände zwangsläufig eine seelische Behinderung entwicklen mußten, um auf diese Weise mit ihren Mangelzuständen erst erkannt und als hilfebedürftig angesehen werden.

Die Zuschreibung von seelischer Behinderung wird zwangsläufig so lange notwendig bleiben müssen und hilfreich sein, solange Jugendämter (als Entscheidungsträger und Hilfegewährer) aus fiskalischen Gründen die Tatsache, daß es diesen Personenkreis gibt, leugnen und diese jungen Menschen als Bedürftige nach den Hilfen § 27/34 SGB VIII zu definieren suchen, um so die Anspruchsberechtigung der Betroffenen zu umgehen. Nur durch das Festhalten am Begriff der seelischen Behinderung war es in den vergangenen zwei Jahren immer wieder möglich, die Rechtsansprüche betroffener Kinder- und Jugendliche und junger Volljähriger auf angemessene und weitergehende Hilfen zu definieren, abzusichern und durchzusetzen. Es bleibt zu hoffen, daß die zuständigen Ärzte in Kinderpsychiatrien und Kinderpädiatrien die Möglichkeiten des § a SGB VIII erkennen und nutzen, um so eingetretene Behandlungserfolge für betroffene Menschen in der sich anschließenden Jugendhilfemaßnahme garantieren und absichern zu helfen.

7.0 Grundlegende Aufgaben einer speziellen Erziehung und Förderung seelisch behinderter junger Menschen

Folgen wir den drei Ebenen der seelischen Behinderung (vgl. *International Classification of Impairments, Disabilities and Handicaps, WHO, Genf, 1980*):

– die psychopathologische Ebene: (primäre oder sekundäre Schädigung, Schadensbild und Schadensverlauf ----> Impairments,
   daraus resultierend
– die Handlungs- und Verhaltensebene/funktionelle Einschränkung im Bereich des Denkens, des Handelns, der Bewegung und der Einsichtsfähigkeit etc. ----> Disabilities,
   daraus resultierend
– die Ebene der sozialen Beeinträchtigung: (Benachteiligung in sozialen Lebensvollzügen wie Familie, Beruf, Schule, Gruppe, Freizeit etc. ----> Handicaps,

wird erkennbar, daß die Arbeit und das gemeinsame Leben mit seelisch behinderten jungen Menschen als ein prozeßhafter, sich über alle Entwicklungsstufen des Menschen erstreckender Austausch von Beziehungen, Handlungen, Emotionen zu verstehen ist.

Er spiegelt gleichsam das Ungleichverhältnis zwischen Hilfebedürftigem und Hilfegeber über einen teilweise langen Zeitraum. Der Hilfebedürftige als Edukand, auf den sich Ziele beziehen, die sich aus einer Schädigung und dadurch eingetretenen Benachteiligung ergeben, und die Institution und die in ihr tätigen sozialpädagogischen Fachkräfte, die sich vor eine konkrete Aufgabe gestellt sehen. Diese Aufgaben sind in diesem Sinne als Verpflichtung zu sehen, die sich von staatlicher Seite nach den Bestimmungen des § 35 a »Eingliederungshilfe« und der Hilfeplanung nach § 36 SGB VIII ergeben. Das Jugendamt als Koordinator der Hilfen stellt hierbei die staatlich autorisierte Instanz dar, welche den Eingliederungsanspruch zu prüfen und zu gewähren hat, geeignete Hilfen aussucht und auf Sinn und Zweck hin überprüft und gemeinsam mit allen Beteiligten (Arzt, Eltern, junger Mensch, Einrichtung) den vorläufigen Eingliederungsbedarf festlegt. Ist der Eingliederungsbedarf geklärt, erfolgen konkrete Aufgabenstellungen an die nachsorgende Jugendhilfeeinrichtung. Dies geschieht durch ein zielgerichtetes und methodenbezogenes Vorgehen in Orientierung an der individuellen Bedürfnislage des Betroffenen im Rahmen der Erziehungsplanung in Abstimmung mit Jugendamt, Eltern, Therapeuten, ggf. der Schule und dem betroffenen jungen Menschen selbst.

Daß dabei auch Konflikte entstehen, liegt in der Natur der Sache. Daß solche Konflikte permanent aufgearbeitet und geklärt werden müssen ist einsehbar, aber nicht immer möglich. Zu unterschiedlich sind die Auffassungen und Einschätzungen des Eingliederungsbedarfs und der damit als notwendig erachteten Hilfen. Alle Beteiligten müssen sich mehr und mehr, und dies mag vor allem für die nachsorgenden Einrichtungen innerhalb der Jugendhilfe gelten, an den wirklich notwendigen (auch gegenwärtig finanzierbaren) Hilfen orientieren und weniger an den wünschenswerten. Daß hierbei ein großes Maß an Kreativität und Phantasie sowie ein intensiverer Einsatz an Beziehungsangeboten und emotionaler Bindung erfolgen muß, fordert die in der Betreuung stehenden Mitarbeiter innerhalb der Heimerziehung in besonderem Maße. Das Jugendamt wie auch die Kinder- und Jugendpsychiatrien haben sich dieser Anstrengungen und Belastungsmomente der in Betreuung Stehenden nicht zu verschließen, sondern ihrerseits über geeignete Hilfen für eben diese Mitarbeiter und ihr Selbstverständnis nachzudenken.

Nach *O. Speck* hat sich die spezielle Erziehung im Falle von Behinderungen auf verschiedene Dimensionen zu erstrecken. Seine Ausführungen sollen hier auf den Personenkreis der seelisch behinderten jungen Menschen übertragen werden und als Orientierungshilfe dienen:

Sie lassen sich demnach gliedern als
- behinderungsbezogene Aufgaben
- lebenslaufbezogene Aufgaben
- methodenbezogene Aufgaben
- zweckbezogene Aufgaben
- sozioökologische Aufgaben

Die aufgeführten Bereiche unterscheiden sich zwar begrifflich, im pädagogischen Handeln wirken sie jedoch unmittelbar ineinander und können nicht losgelöst betrachtet werden *(vgl. O. Speck, System Heilpädagogik, Reinhardt, 1988).*

7.1 Behinderungsbezogene Aufgaben

Gerade auf den Personenkreis der seelisch Behinderten bezogen, ist das festlegen behinderungsspezifischer Aufgaben infolge der Frage:»Was ist eine seelische Behinderung?« und die dadurch ausgelöste Verunsicherung über geeignete Definitionskriterien zunächst mit Schwierigkeiten verbunden. Behinderung als Zustand hat, subjektiv gesehen, erlebnismäßige, aus dem Empfinden des Betroffenen selbst (sich als behindert erfahren, empfinden) relevante Bedeutung, weil sich dadurch für den Pädagogen spezielle Erziehungsbedürfnisse ergeben, die im Einklang mit der eigenen Einschätzung des Behinderungszustandes (als behindert gelten, definiert werden) und dem sich daraus ergebenden Eingliederungsbedarf zu bringen sind.

Behinderungsspezifische Aufgaben haben sich in allererster Linie am psychischen Organisationsniveau und an den damit verbundenen Einschränkungen im Bereich der Handlungsfähigkeit, Lern- und Leistungsfähigkeit und Integrationsfähigkeit in gesellschaftlichen und sozialen Lebensvollzügen zu orientieren. Sie machen also nicht nur die psychischen Störungen und seelischen Mangelzustände zum Gegenstand der Betrachtung, sondern zielen darauf ab, die soziale Umwelt dahingehend zu erziehen, behinderten Menschen einerseits das Bedürfnis nach Annahme, Akzeptanz und Autonomie zuzugestehen, andererseits aber den behinderten Menschen das »Beste« aus seiner Einschränkung machen zu lassen und ihm hierzu den geeigneten Rahmen zu bieten.

7.2 Lebenslaufbezogene Aufgaben

Lebenslaufbezogene Aufgaben orientieren sich stark an der Lebensgeschichte des erkrankten Menschen. Sie orientieren sich an der Abfolge der Entwicklungen des Menschen und ihre jeweilige Bedeutung für sein geistig-seelisches und körperliches Wachstum. Die Anamnese verfolgt die Vorgeschichte der Erkrankung bzw. eingetretenen psychischen Behinderung. Sie erstreckt sich in aller Regel auf den Schwangerschaftsverlauf, auf die Geburt, frühe und späte Kindheit und möglichen Komplikationen sowie typischen Kinderkrankheiten und möglichen Infektionen. Sie steht hierbei in engem Verhältnis zu den entwicklungspsychologischen und sozialökologischen Verhältnissen, in denen der betroffene Mensch aufgewachsen ist, die möglicherweise Einfluß auf seine Entwicklungs- und Entfaltungsbedingungen genommen haben und damit eine eingetretene psychische Störung mit verursacht haben können.

Lebenslaufbezogene Aufgaben orientieren sich demnach an den konkreten Förder- und Erziehungsbedürfnissen im sozialen, motorischen, kognitiven, sprachlichen und emotionalen Bereich, die durch Mangelzustände in den einzelnen Entwicklungsstufen eingetreten und/oder mit verursacht wurden. Die Kompetenz, solche Aufgaben zu formulieren, liegt in Abstimmung mit anderen Fachkompetenzen (Kinderheilkunde, Psychiatrie, Jugendamt etc.) auf pädagogischer Seite und muß in der Hilfeplanung und der sich anschließenden Erziehungsplanung klar benannt sein.

7.3 Methodenbezogene Aufgaben

Diese beziehen sich *(vgl. O. Speck, 1988)* auf die verschiedenen pädagogischen Arbeitsweisen. So stellen sich einer speziellen Erziehung Aufgaben

- der Erziehung im engeren Sinne
  (notwendige Strukturen, haltgebende Ordnungsfunktionen, Geborgenheit, Schutz, Anleitung, Empathie etc.)
- des Unterrichts
  (Gestaltung des Lebensortes Schule in Bezug auf Klassengröße, Begleitung, Einzelfallhilfen, Integrationshilfen, Lehr- und Lernmethoden, Medien und Materialien etc.)
- der Beurteilung
  (im Sinne einer nicht vorverurteilenden, festzuschreibenden Rolle ---> Beobachtung, Tests, Erleben in konkreten Lebens- und Arbeitssituationen, Austausch, Beschreibung und Nichtbewertung des Verhaltens, Einschätzung beteiligter Fachdisziplinen etc.)
- der Therapie
  (Einsatz entprechender Medien und Hilfsmittel, Beziehungsvariablen, Integrationshindernisse abbauen, Sozial- und Ich- sowie Sachkompetenz erweitern helfen, vorhandene Einschränkungen abbauen, ausgleichen, beheben etc.)
- der Beratung
  (Vermitteln von Möglichkeiten, die eingetretene Behinderung anzunehmen und in Beziehung zur Umwelt zu setzen, Ermutigung zur Hilfeannahme, Rechtsansprüche verdeutlichen und mit durchsetzen helfen etc.)
- der Pflege
  (Vermitteln eines Körpergefühls, Anleitung zur Hygiene, Hilfe zur Selbsthilfe, Aufklärung über gesundheitliche Risiken etc.)

Wer also als Betreuer mit seelisch behinderten jungen Menschen arbeitet, hat sich diesen vielfältigen Aufgaben zu stellen. Daß es dabei zu unterschiedlichen Beurteilungen zwischen den verschiedenen Berufsprofessionen (Fachdienste, Leitung, Betreuer, Arzt, Therapeuten) hinsichtlich der kindlichen Bedürfnislage bzw. des konkreten Hilfe- und Eingliederungsbedarfs kommt, ist selbstverständlich. Und daß in der Therapie bearbeitete Themen oder Handicaps auch in die Gruppen- und Alltagsbetreuung des jungen Menschen hineinreichen, darf nicht als hinderlich oder gar als Einmischung angesehen werden, sondern muß vielmehr als ein notwendiger Versuch des seelisch behinderten Menschen gewertet werden, hinzugewonnene Kompetenzen, ausgelöste Verunsicherungen in Beziehung zum Alltag, zu den dort tätigen Betreuern zu setzen, um durch die entsprechenden sozialen und emotionalen Rückkoppelungen sich selbst als Individuum ausreichend erleben und definieren zu können. Dieser Prozeß muß also zwischen den Beteiligten ständig wachgehalten werden, vor allem im Rahmen institutionalisierter Supervision.

7.4 Zweckbezogene Aufgaben

Hierunter sind in Orientierung an aktuelle gesellschaftliche Strömungen folgende wesentliche Aufgabenstellungen zu formulieren:

– Prävention:
  die besondere Beachtung und Förderung von Kindern, die von einer Behinderung (alle Formen) bedroht sind; sogenannte Risikokinder
  (Hier stehen besonders Mitarbeiter in Kindergärten, Tagesstätten, Schulen und Heimen in der Verantwortung, rechtzeitig erkannte Beeinträchtigungen zu beschreiben und mitzuteilen).

– Rehabilitation:
  die Einzeldisziplinen überschreitende und komplexe Aufgabe der Verbesserung der physischen, psychischen und sozialen Entwicklungs- und Lebensbedingungen als Primär- und nicht erst als Sekundäraufgabe, wenn die Behinderung schon offensichtlich geworden und eingetreten ist.

– Soziale Eingliederung (Integration):
  eine umfassende sozialpolitische und sozialpädagogische Aufgabe. Dies bedeutet auch die teils schonungslose Konfrontation gesellschaftlicher Mikro- und Makrosysteme mit dem Zustand der »Behinderung« und nicht das Sichzurückziehen in institutionalisierte Schutzzonen (Behindertenheime, Langzeitpflegeeinrichtungen etc.). Vielmehr gilt es für sozialpädagogische Einrichtungen mehr denn je, offensiv die Bedürfnisse und Rechte der Benachteiligten zu vertreten und integrationswirksame Betreuungsmodelle zu entwickeln.

– Normalisierung:
  bei aller notwendigen Spezialisierung, die zunächst für einen Teil schwer psychisch kranker junger Menschen uner-

läßlich sein mag, muß es das Bestreben sein, herkömmliche Sozialisationsfelder so vorzubereiten und zu stärken,
daß eine sich anschließende Integration möglichst gewinnbringend erfolgen kann, ohne auf Sonderregelungen
gebaut zu sein. Auch die mit der Betreuung beauftragten
Mitarbeiter haben darauf zu achten, daß das gemeinsame
Leben so normal wie möglich geführt wird.

7.5 Sozioökologische Aufgaben

Diese beziehen sich auf das In-Funktion-Bleiben ganzer Lebensbereiche, die für einen Menschen mit einer Behinderung oder Benachteiligung wichtig sind. Es gilt, der Bedeutung der Lebensbereiche für die Erziehung und Förderung der Kinder in stärkerem Maße als bisher gerecht zu werden. Hierunter fallen demnach:

– Kooperation mit den Eltern (Familientherapie, Eltern-/Paarberatung, Sozialpädagogische Familienhilfe)

– interdisziplinäre Kooperation (Psychiatrie, Pädiatrie, Schule, Sozialpädagogik)

– Einflußnahme auf Exo-Systeme (z.B. Jugendamt, Verbände, Politik, Justiz, Kliniken etc.)

– Reflexion der eigenen Professionalität und Haltung (Menschenbild, Nähe und Distanz, Team- und Kritikfähigkeit, Belastbarkeit, Zumutbarkeit etc.)

8.0 Ein Plädoyer für die Einrichtung spezialisierter Betreuungsformen innerhalb der stationären Jugendhilfe

Als wir uns in unserer Einrichtung erstmals ernsthaft über die Notwendigkeit spezilisierter Betreuungskonzepte innerhalb der vorhandenen Heimstruktur Gedanken machten, resultierten diese Überlegungen aus Ohnmachtssituationen und eigens erlebten Begrenzungen hinsichtlich erzieherischer Einflußnahme auf schwierig gewordene, äußerst beziehungsanfällige und psychisch gestörte Kinder und Jugendliche. Nicht nur unsere Einrichtung machte in den vergangenen Jahren immer wieder die leidvolle Erfahrung, Kinder und Jugendliche in Heimgruppen (zum erheblichen Teil aus Psychiatrien kommend) aufgenommen zu haben, die erst im Verlauf ihrer Unterbringung (in aller Regel nach § 27 in Verbindung mit § 34 SGB VIII) enorme Integrationsschwierigkeiten entwickelten, jegliche Annäherung und Grenzsetzung oder aber Beziehungsangebote als Bedrohung ihres »SELBST« erlebten und fast zwangsläufig überlebensmilieubedingte und angstmotivierte Verhaltensweisen (offene und/oder verdeckte Aggressionen gegen sich selbst oder andere, Rückzug in die Depression, apathisches Verhalten, sekundärneurotische Störungen wie Einkoten etc.) produzieren mußten, was wiederum die nötige Akzeptanz für eine gelingende Eingliederung und Integration des betreffenden Kindes in den Gruppenverband oder gar bei den Betreuern der Gruppe erschwerte oder gar verunmöglichte. Vor allem aber auch für in akute Lebenskrisen geratene Kinder und Jugendliche galt es innerhalb der Heimstruktur ein kurzfristig in Anspruch zu nehmendes Betreuungsmodell zu verwirklichen, so daß ein ewiges Zurückgreifen auf die Kinder- und Jugendpsychiatrie möglichst vermieden werden konnte. Aus diesen Erfahrungen und Beobachtungen heraus, aber auch aus der Zuständigkeit des KJHG für den Personenkreis der seelisch behinderten jungen Menschen heraus ergab sich bei uns dann die konkrete Planung, für den eben beschriebenen Personenkreis eine beson-

THEODOR - ROTHSCHILD - HAUS
WAISENHEIM ESSLINGEN
Träger: WILHELMSPFLEGE Stuttgart - Plieningen

THEODOR - ROTHSCHILD - HAUS Mülbergerstraße 146   7500 Esslingen

Der Sperlingshof
Z.Hd. Herrn Mueller

75196 Remchingen/Baden

Heimgruppen
Tagesgruppen
Lebensfeldorientierte Gruppen
Betreutes Jugendwohnen
Schule für Erziehungshilfe

Esslingen am   23.5.1995

Sehr geehrter Herr Mueller,

Ich möchte mich nochmals für Ihr Angebot, Ihre Einrichtung
kennenzulernen, bedanken und Ihnen mitteilen, daß wir am
Montag, d. 29.5.1995 10.30 Uhr bei Ihnen sein werden. Eine
Kollegin des psychologischen Fachdiensts und der Geschäftsführer werden ebenfalls an diesem Termin teilnehmen.

Mit freundlichen Grüssen

(Christiane Schuler, Dipl.Psych.)

THEODOR-ROTHSCHILD-HAUS, Waisenheim Esslingen, Mülbergerstraße 146, 7500 Esslingen a.N.   Telefon: 0711 - ▮▮▮▮▮
Kreissparkasse Esslingen (BLZ 611 500 20) Kto. Nr. 80 39 39   Telefax: 0711 - 3704 374

93 78 03-0

77

145

Sozialpädagogisches Zentrum St. Canisius
Heugenstraße 5, 73525 Schwäbisch Gmünd
Tel.: 07171/1808-41   Fax: 07171/1808-35

Der Sperlingshof
Heilpäd. Kinder- und Jugendheim
z. Hd. Herrn Mueller

75196 Remchingen / Baden

Schwäbisch Gmünd, den 02. Juni 1995
Jas/pn

Sehr geehrter Herr Mueller,

mit großem Interesse entdeckte ich in der Zeitschrift "Kinderpsychologie und
Kinderpsychatrie" Ihr Angebot "Intensivgruppe für seelisch behinderte Kinder".

Ich bin Dipl. Psychologe und im Sozialpädagogischen Zentrum St. Canisius
als Bereichsleiter tätig. Wir sind in der Vorbereitungsphase, auch eine Intensivgruppe zu
konzipieren.

Aus diesem Grund würde ich gerne mit Ihnen Kontakt aufnehmen oder Sie direkt um Ihre
konzeptionellen Überlegungen bitten.

Vielen Dank und freundliche Grüße

K. Jaszkovic

146

Clemens Keutler
Facharzt für Kinder- und
Jugendpsychiatrie
Landesklinik Nordschwarzwald

08.04.1995

priv. Tel./Fax. 07051/59 509 oder 0171/81 81 933
07051/586 -2458 (-2447)/Fax: -2268

Clemens Keutler • Kurwaldweg 3 • 75365 Calw

Kinder- und Jugendheim
Sperlingshof
Herrn Karl-Heinz Mueller
An der B 10

75196 Remschingen-Wilferdingen

Sehr geehrter Mueller

Wie bereits telefonisch und bei meinem letzten Termin im
Sperlingshof besprochen, werde ich zum 01.06.95 in Lörrach als
Leitender Kinder- und Jugendpsychiater tätig werden.

Wenn Sie wünschen könnte ich Ihnen für Mai '95 noch einen
Supervisionstermin anbieten, dannach nur noch in Ausnahmefällen,
wenn ich ohnehin geschäftliche Termine hier hätte.

Für die Zukunft stünde Ihnen Herr PD Dr. Vehreschild - Leitender
Arzt der Kinder- und Jugendpsychiatrie der Landesklinik Nordschwarzwald - nach Absprache zur Verfügung.

Falls wir uns nicht mehr persönlich sehen sollten, wünsche ich
Ihnen und Ihren Mitarbeitern für die Zukunft alles Gute und viel
Kraft und Motivation für die anstehenden großen Aufgaben,
insbesondere auch in Zusammenhang mit der "Intensivgruppe" und
der damit verbundenen sicherlich sehr anspruchsvollen Klientel.

Ich für meine Person empfand unsere Zusammenarbeit als überaus
fruchtbar, in Umkehrung der herkömmlichen Vorstellung von
"Supervision" kann ich sagen, daß ich sehr viel von Ihnen und
durch meine Tätigkeit bei Ihnen lernen durfte.

Als designierter Leiter der Kinder- und Jugendpsychiatrie des
Kreiskrankenhauses Lörrach würde ich mich sehr freuen, wenn wir
Ihre Einrichtung - Intensivgruppe - bei Bedarf in Anspruch nehmen
könnten.

Mit freundlichen Grüßen

147

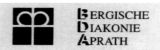

Bergische Diakonie Aprath · Otto-Ohl-Weg 10 · 42489 Wülfrath

Herrn Müller
Kinder- und Jugendheim
"Der Sperlingshof"

75896 Remchingen /Baden

Heilpädagogisch-Psychotherapeutisches Zentrum
Fachklinik für Kinder- und Jugendpsychiatrie
Leitender Arzt: Dr. med. Markus Onken

Otto-Ohl-Weg 10
42489 Wülfrath
, 03.05.1995
Dr.On/S
-310

Telefon: 02 02 / 72 91 - 0
Durchwahl: 02 02 / 72 91
Telefax: 02 02 / 72 91 381

Auskunft erteilt: **Herr Dr. Onken**

Intensivgruppe für seelisch behinderte Kinder

Sehr geehrter Herr Müller,

durch Ihre Stellenannonce erfahre ich von Ihrer Intensivgruppe für seelisch behinderte Kinder
mit vier Plätzen im Sinne des § 35 A KJHG.

Ich wäre Ihnen sehr dankbar, wenn Sie mir ein Konzept Ihrer Einrichtung zusenden und
verbleibe

mit freundlichen Grüßen

Dr. med. Markus Onken
Kinder- u. Jugendpsychiater
Kinderarzt - Psychotherapie
   - Ltd. Arzt -

Anlage

Bank für Kirche und Diakonie e. G. Duisburg   Kreissparkasse Düsseldorf   Postgiroamt Köln
BLZ (350 601 90) Kto.-Nr. 10 10 364 023   BLZ (301 502 00) Kto.-Nr. 3554 066   BLZ (370 100 50) Kto.-Nr. 172 42-505

148

Ruprecht-Karls-Universität Heidelberg

Klinikum

Klinikum der Universität Heidelberg · Blumenstraße 8 · 69115 Heidelberg

Herrn
Karl-Heinz Mueller
Kinder- und Jugendheim
Sperlingshof

75196 Remchingen

Psychiatrische Klinik

Abt. für Kinder- und
Jugendpsychiatrie
Ärztl. Direktor:
Prof. Dr. med. F. Resch

Tel.: 06221/97 04-0
Fax: 06221/97 04 41

! Neue Telefonnummer !

14-03-95 Str/we

Sehr geehrter Herr Müller,

beiliegend schicke ich Ihnen Ihren Fragebogen zurück. Wie Sie feststellen, habe ich ihn nur schlecht ausfüllen können. Das liegt zum einen daran, daß unsere routinemäßige Dokumentation über das Jahr 94 aufgrund einer Umstellung noch nicht fertiggestellt ist, zum anderen, daß einige Ihrer Fragen ohne intensive Nachforschung von unserer Seite aus nicht verläßlich beantwortet werden können.

Immerhin ist aber doch offensichtlich, daß es im Bereich Nordbaden einen Mangel an Plätzen für die längerfristige Unterbringung schwer seelisch behinderter Jugendlicher, vor allem chronisch psychotischer Jugendlicher, gibt. Dieser Mangel ist bekannt, und von verschiedener Seite laufen Bemühungen, hier entsprechende Angebote zu machen.

Konkret betreuen wir zur Zeit einen 17jährigen Jugendlichen mit einer chronischen Psychose, für den sich auch nach über einhalbjähriger stationärer Behandlung keine sichere Anschlußbehandlungsmöglichkeit abzeichnet, wir werden wohl auf die bewährte Einrichtung Leppermühle in Hessen zurückgreifen müssen.

Mit freundlichen Grüßen

PD Dr. U. Strehlow
Leitender Oberarzt

149

Abteilung für
Kinder- und Jugendpsychiatrie
- Sozialdienst -
Osianderstr. 14
72076 Tübingen

Fax: 07071 - 294098
Tel. 07071- 292690
Di-Fr: 9-12 und 14-16Uhr

Kinder- und Jugendheim Sperlingshof
z. Hd. Herr Müller

75196 Remchingen

Tübingen, den 17.2.95

Erhebung/Marktanalyse zur Bedarfsvorausschätzung seelisch behinderter ...junger Menschen ...

Sehr geehrter Herr Müller,

entschuldigen Sie bitte die etwas verspätete Zusendung des Fragebogens.

Aus kinder- und jugendpsychiatrischer Sicht heißen wir Ihre Iniative durchweg sinnvoll, denn fachlich als auch personell kompetente Einrichtungen sind rar. Ob Ihre Einrichtung nach eventueller Installierung der Intensivgruppe regional interessant ist, hängt von dem gewöhnlichen Aufenthalt unserer PatientInnen ab.
Was ich persönlich bedauere, ist das nach oben begrenzte Aufnahmealter. Zur Verdeutlichung: in unserer Klinik sind zwei Jugendstationen mit sechszehn und eine Kinderstation mit acht Betten. Des öfteren wünschten wir uns eine Jugendwohngruppe, die mit psychiatrischen Krankheitsbildern und dem daraus resultierenden Verhalten der Jugendlichen vertraut ist.
In diesem Zusammenhang möchte ich Sie um Zusendung vorhandener Prospekten und/oder Konzeption des Sperlingshof bitten.

Für Ihre dankenswerte Anstrengung wünsche ich Ihnen viel Erfolg und verbleibe

Mit freundlichen Grüßen

Mathias Schmitz
Dipl. Soz.-Päd. (FH)

150

PSYCHIATRISCHES LANDESKRANKENHAUS WEISSENAU
Akademisches Krankenhaus der Universität Ulm
Fachklinik für Erwachsenenpsychiatrie, Kinder- Jugendpsychiatrie, Neurologie und Forensische Psychiatrie
Bereich Kinder- und Jugendpsychiatrie

Psychiatrisches Landeskrankenhaus Weißenau · Postfach 2044 - 88190 Ravensburg

Ravensburg-Weißenau, den **04.04.95**
Dr. Hoehne/li
Telefon (0751) 7601- 301
oder 7601 - 0
Telefax (0751) 7601-413

Der Sperlingshof
Heilpäd. Jugendhilfeeinrichtung
z. Hd. Herr Müller

75196 Remchingen

EINGEGANGEN
- 6. ?R. 1995

Erled. ....

Ihre Anfrage vom 02.03.95

Sehr geehrter Herr Müller,

Ihre Anfrage beinhaltet sehr spezifische Fragestellungen, die in der Kürze der Zeit eigentlich nicht beantwortbar sind. Trotzdem möchte ich Ihnen ein wenig unsere Meinung mitteilen, wir haben Ihren Fragebogen innerhalb der Abteilung diskutiert.

Unsere Abteilung umfaßt 30 vollstationäre Plätze, davon 10 kinderpsychiatrische und 20 jugendpsychiatrische (Alter von 14 - 19 Jahren). Im Jahr 94 wurden 196 Jugendliche bei uns vollstationär behandelt, wobei ca. 40% Akutfälle zur Krisenintervention waren, der Rest zumindest grob geplant. Den Anteil der Heimanfragen kann ich hierbei nur schlecht beantworten, wobei im Rückblick schon der Eindruck entsteht, daß Anfragen aus Heimen meist Krisenintervention bedeuten.
Unsere durchschnittliche Liegezeit ist inzw. aufgrund der hohen Inanspruchnahme zwischen 60 und 70 Tagen im Durchschnitt, wobei hierbei nicht zwischen Akutaufnahmen bzw. langfristigen Aufnahmen unterschieden wird. Die Streuung lag im letzten Jahr zwischen 2 Tagen und 1 Jahr.
Die Verteilung zwischen Mädchen und Jungen schwankt, generell kann jedoch gesagt werden, daß präpubertär die Jungen überwiegen, postpubertär die Mädchen.

Aufgrund unserer Sektorisierungsbemühungen innerhalb Baden-Württembergs sind wir für 9 baden-württembergische und 1 bayrischen Landkreis zuständig, so daß die Zusammenarbeit zwischen den dort tätigen Heimen und unserer Kinder- und Jugendpsychiatrie sich inzw. aufgrund unserer intensiven Bemühungen deutlich verbessert hat. Bis vor 2 Jahren war es durchaus üblich, daß Heimaufenthalte mit der Aufnahme in die Psychiatrie beendet wurden, wobei wir uns seit 2 Jahren nicht mehr auf dieses Vorgehen einlassen. Trotzdem kommt es auch immer wieder vor, daß Jugendliche oder Kinder aus Familien oder Teilfamilien bei uns aufgenommen werden müssen, deren Entlassung dorthin nicht mehr möglich ist. Hier gestaltet es sich allerdings tatsächlich manchmal schwierig, eine geeignete Heimeinrichtung

Hausadresse:
Weingartshofer Str. 2
88214 Ravensburg

Paketadresse:
Paketausgabe
88214 Ravensburg

Bankverbindungen:
Kreissparkasse Weißenau Kto.-Nr. 93600015 (BLZ 65050110)
Landeszentralbank Ravensburg Kto.Nr. 65001503 (BLZ 65000000)

151

zu finden, vor allem, wenn es sich um schwer gestörte Jugendliche handelt, die folgende Merkmale aufweisen: Borderline-Störungen, Suchttendenzen, suizidale Tendenzen, Aggressionen und schwere Dissozialität.

Wir sind inzw. davon überzeugt, daß solche Patienten nur in Einrichtungen betreut werden können, die einen intensiven personellen und therapeutischen Einsatz bieten und dadurch entsprechende Strukturen vorgeben. Allerdings sind wir nach langer Diskussion inzw. auch der Ansicht, daß Einrichtungen, die sich nur mit diesem Klientel beschäftigen, rasch überfordert sein könnten, da diese Patienten doch in einem Maße die Aufmerksamkeit der Betreuer/innen fordert, die von einem Team nur eine gewisse Zeit zu leisten ist. Sinnvoller halten wir die Integration dieser Patienten in bestehende Gruppen mit entsprechender personeller Aufstockung, so daß auch durch die Jugendlichengruppe eine gewisse Kontrolle und Einflußnahme vorhanden ist. Gerade bei Borderline-Störungen macht sich sonst die Kumulation der verschiedenen Auffälligkeiten zu heftig bemerkbar und führt zu Burning-out-Syndromen unter dem Personal.

Der Begriff der seelischen Behinderung wird für uns insges. sehr kritisch diskutiert und ist eine neue Differenzierung, die für die Behandlung zahlreicher Patienten nicht unbedingt hilfreich ist. Wir haben die Befürchtung, daß durch diese Etikettierung eine neue Stigmatisierung von psychiatriebetroffenen Menschen passieren könnte, was nicht für eine Reintegration dieser Kinder und Jugendlichen förderlich wäre. Desweiteren sind Kinder und Jugendliche aufgrund ihres Alters noch in ständiger Entwicklung begriffen, so daß die Einschätzung immer wieder neu überprüft werden muß.

Zusammenfassend bin ich der Ansicht, daß mit dem Begriff der seelischen Behinderung sehr sorgfältig umgegangen werden sollte und solche Kinder und Jugendliche in den üblichen Heimangeboten mit fachärztlicher und fachtherapeutischer Begleitung und personeller Aufstockung betreut und behandelt werden sollten. Gesonderten Bedarf sehe ich bei von Psychose betroffenen Jugendlichen, die tatsächlich von einer spezifischen Betreuung profitieren können, desweiteren bei süchtigen Jugendlichen, bei denen die Suchterkrankung ganz im Vordergrund steht.

Als Kommissarische Leiterin der Abteilung Kinder- und Jugendpsychiatrie scheide ich zum Ende d.M. aus, werde Ihren Fragebogen dem zukünftigen Leiter der Abteilung, Herrn Dr. Felbel vorlegen, einschl. Ihres Konzeptes, dessen Einschätzung Ihnen dann, falls Sie von der meinen divergieren sollte, gesondert zugeht.

Mit freundlichen Grüßen

Dr. med. D. Hoehne
Kommissarische Leiterin
der Abteilung Kinder-
und Jugendpsychiatrie

KLINIK FÜR KINDER- UND JUGENDPSYCHIATRIE RHEINHÖHE
Eine Einrichtung des Landeswohlfahrtsverbandes Hessen

LWV

Klinik für Kinder- und Jugendpsychiatrie Rheinhöhe
Postfach · 65334 Eltville

Herrn
Geschäftsführer Müller
Kinder- und Jugendheim
Sperlingshof

75196 Remchingen

Klinikleitung

Datum:	02.03.1995
Auskunft erteilt:	Dr.Kaestner
Zimmer-Nr.:	
Funktion:	
Telefon:	06123-602360
Telefax:	06123-602563
Geschäftszeichen:	Dr.Kae./Ba.

Marktanalyse zur Bedarfsvorausschätzung seelisch behinderter
oder von seelischer Behinderung bedrohter junger Menschen im
Sinne des § 35a SGB VIII

Sehr geehrter Herr Müller,

mit Interesse habe ich Ihr Schreiben vom 02.03.1995 erhalten
und Ihren Plan zur Einrichtung einer Intensivgruppe für seelisch behinderte junge Menschen im Sinne des § 35a SGB VIII
zur Kenntnis genommen. Mit dem von Ihnen entwickelten Konzept
zur Nachsorge dieses Personenkreises nach klinisch stationärer
kinder- und jugendpsychiatrischer Behandlung bin ich sehr einverstanden.

Ihren umfangreichen Fragebogen zur Unterstützung Ihrer Marktanalyse und Bedarfsvorausschätzung kann ich leider nicht beantworten, da mir etliche Daten mangels entsprechender Dokumentation nicht zur Verfügung stehen und in umfänglicher Hand-
arbeit ermittelt werden müßten. Zudem befinden wir uns in einem
anderen Bundesland (Hessen), zählen wir auch von der Entfernung
her vermutlich nicht mehr unmittelbar zu Ihrem Einzugsbereich.

Wir verhandeln unsererseits mit den zuständigen Jugendämtern
der von uns versorgten Großstädte und Kreise und dem Landes-
jugendamt in der selben Angelegenheit. Wir schätzen unseren
Bedarf nach grob orientierender Durchsicht der letztjährigen
Patienten in ähnlicher Höhe wie Sie ein, nämlich vorsichtig
geschätzt 8% der unter 14-Jährigen und 8% der 14- bis
18-Jährigen (nach dem KJHG endet die Zuständigkeit der Jugendhilfe für seelisch Behinderte nicht mehr mit dem 18. Lebensjahr, so daß auch 18-Jährige mit entsprechender Problematik
aufgenommen und den gleichen Leistungsanspruch haben).

Auch wir suchen die Integration in eine bestehende Jugendhilfs-
einrichtung. Wir halten es ebenfalls für unerläßlich notwendig,
daß die Mitarbeiter dieser Nachsorgegruppe Erfahrung in kli-
nisch-stationärer kinder- und jugendpsychiatrischer Behandlung
haben. Wir schätzen den Betreuerschlüssel etwa in gleicher
Größenordnung ein.

- 2 -

Telefon-Sammelnummer:	Telefax:	Institutionszeichen:	Überweisungen bitte an die o.g. Anschrift auf folgendes Konto:
(0 61 23) 6 02 - 0	(0 61 23) 6 02 -5 63	260 611 635	Nass.Sparkasse Eltville, Konto-Nr. 461 081 002 (BLZ 510 500 15) Bei Postüberw. PGK der Bank: 600-601 (BLZ 500 100 60)

153

- 2 -

Das von Ihnen entwickelte Konzept darf, Ihr Einverständnis vor-
aussetzend, zur Argumentationshilfe mit den hiesigen Behörden
verwenden.

An der weiteren Entwicklung Ihrer Institution bin ich sehr
interessiert.

Mit freundlichen Grüßen

Dr. Kaesyner
Ltd. Medizinaldirektorin

154

ders eng geführte und intensiv betreute Betreuungsform innerhalb unserer vorhandenen Heimstruktur einzurichten.

Bei diesen Planungen wurden wir sehr rege von vielen durch uns angeschriebenen Kinder- und Jugendpsychiatrien und Jugendhilfeeinrichtungen unterstützt und um Hilfestellung weitergehender Planungen gebeten. Hier auszugsweise einige Schreiben entsprechender Einrichtungen:

Am 01. Mai 1995 nahmen wir die Arbeit in der Intensivgruppe auf. Schon im Vorfeld gab es eine große Zahl von Anfragen. Am 10. Mai 1995 zogen die ersten zwei Bewohner, Frieder, neun Jahre, und Monika, fünfzehn Jahre alt, ein. Am 01. Juli 1995 zog Berthold, ebenfalls fünfzehn Jahre alt, in ein Einzelzimmer ein. Und am 01. August 1995 kam der jüngste Bewohner, Werner, acht Jahre, hinzu. Die Gruppe war vom 01. Juli 1995 an mit insgesamt fünf sozialpädagogischen Fachkräften und einem Vorpraktikanten komplett besetzt.

Werner konnte durch intensive Förderung nach einem Jahr wieder in eine Regelgruppe integriert werden.

Berthold verließ im Sommer 1996 die Schule für Erziehungshilfe mit dem HS-Abschluß und durchläuft derzeit eine berufliche Findungsmaßnahme zum Aufbau einer stabilen Arbeitshaltung, die durch einen Betreuer begleitet wird.

Monika wurde im Oktober 1996 nach 17 Monaten wieder in langfristige psychiatrische Behandlung gegeben, da Monika in der Zeit von Juli bis Oktober 1996 insgesamt achtmal versuchte, sich durch Einnahme von Gift (Pflanzenschutzmittel, Rattengift, Giftweizen, Lack, Lenor usw.) das Leben zu nehmen. Die Gruppe war zuletzt nicht mehr imstande, eine adäquate Betreuung auch unter Berücksichtigung der anderen Bewohner aufrechtzuerhalten.

Frieder besucht entgegen aller Bedenkenträger die Schule für Erziehungshilfe mit Bildungsgang der Förderschule. Mit Hilfe der heilpädagogischen Unterrichtsbegleitung war seine Integration in einen Klassenverband möglich. Defizite im Bereich der Motorik und Koordination konnten ausgeglichen werden. Langfristig wird Frieder in einer entsprechenden Einrichtung mit beruflichen Orientierungsangeboten und behinderungsspezifischer Betreuung integrierbar sein.

Im Zeitraum von April 1995 bis Dezember 1996 wurden insgesamt 57 Anfragen wegen der bei uns geführten Intensivgruppe an uns gerichtet. In 36 Fällen war der erste Gesprächspartner die behandelnde Kinder- und Jugendpsychiatrie, die meist in Absprache mit dem zuständigen Jugendamt Vorinformationen einholte. In 19 Fällen richtete das jeweils zuständige Jugendamt eine Anfrage an uns. In 2 Fällen fand die Anfrage durch eine andere Jugendhilfeeinrichtung statt. Von allen 57 angefragten Klienten befanden sich 49 in kinder- und jugendpsychiatrischer Behandlung.

Die Flut der Anfragen konnte uns als Einrichtung nicht zufriedenstellen, weil dadurch der Bedarf an solchen intensiv betreuten Plätzen innerhalb der Jugendhilfe zum Ausdruck kam, wir aber stets gehalten waren, die Anfragen negativ zu bescheiden. Deutlich wurde in den meisten Gesprächen, daß es aus Sicht der anfragenden Kinder- und Jugendpsychiatrien und Jugendämter nur sehr wenige Einrichtungen mit entsprechenden Betreuungssettings gibt, die, wenn überhaupt vorhanden, teilweise in anderen Bundesländern gesucht werden müssen.

Von 57 Anfragen wurden aus

Baden-Württemberg	32 an uns gerichtet.
Bayern	4 an uns gerichtet.
Rheinland-Pfalz	11 an uns gerichtet.
Hessen	7 an uns gerichtet.
Berlin	1 an uns gerichtet.
Niedersachsen	2 an uns gerichtet.

Die gemachten Angaben machen sehr wohl deutlich, daß es innerhalb des Personenkreises der seelisch Behinderten eine erhebliche Anzahl von jungen Menschen geben muß, die mit den herkömmlichen Methoden der Jugendhilfe nicht mehr ausreichend betreut und nachversorgt werden können und deshalb überschaubarer, fachlich hochkompetenter Betreuungsangebote bedürfen.

Von daher ist es begrüßenswert, daß sich nun doch mehr und mehr Jugendhilfeeinrichtungen auf den Weg machen, ebenfalls spezialisierte Betreuungsformen innerhalb vorhandener Strukturen einzurichten. Diese Bewegung ist vor allem in Baden-Württemberg und Rheinland-Pfalz auszumachen.

8.1 Kurzkonzeption der Intensivgruppe im heilpädagogischen Behandlungszentrum Sperlingshof

Sozialintegrative psychiatrische Hilfen
im
Sperlingshof
(Stand 01.06.96)

Intensivgruppe für schwer zu integrierende oder seelisch behinderte sowie von seelischer Behinderung bedrohte Kinder und Jugendliche als Eingliederungshilfe nach § 35 a SGB VIII

Wissenschaftl. Begleitung:	Universität Koblenz/Landau, Fachbereich 8: Psychologie
Plätze:	4 Plätze, vollstationär, für Jungen und Mädchen
Aufnahmealter:	10-15 Jahre
Betreuung:	5 sozialpädagogische Fachkräfte, allesamt mit mindestens 3jähriger Berufserfahrung in der stationären Kinder- und Jugendpsychiatrie (Psychiatriepfleger/-schwester, Dipl.-Soz.-Päd., Heilpädagogin, Mindestalter 25 J.). 1 Praktikant
Betreuerschlüssel	Betreuer: Klientel 1,25:1

Fachdienste im Heim: 1 Dipl-Psychologin, Vollzeit
1 Dipl.-Psychologe, Teilzeit
1 Heilpädagogin/Spieltherapeutin,
Vollzeit
1 Schulpädagoge, Dreiviertel
1 Familienhelferin, Vollzeit
1 heilpäd. Unterrichtsbegleitung,
Vollzeit
1 Kinder- und Jugendpsychiater,
4 x 3 Std. monatlich
1 ergotherapeutische Praxis mit 2 Ergo-
therapeuten

Ø-schnittl. Aufenthalt: 6 Monate – max. 2 Jahre,
anschließender Wechsel in eine reguläre Heimgruppe oder in die Herkunftsfamilie (Familientherapie, -beratung
und -hilfe = Kostenminderung)

Aufnahme-
voraussetzungen: Fachärztliche gutachterliche Stellungnahme zur Begründung der Notwen-
digkeit einer Eingliederungshilfe im
Sinne des § 35 a SGB VIII, entsprechend § 36 Abs. 3 SGB VIII.
Ausführliche Unterlagen über die Vorgeschichte, soweit vorhanden, ana-
mnestische Erhebungen und eine Vor-
einschätzung der vorläufigen Hilfen.
Bereitschaft der örtlichen und überört-
lichen Jugendämter und Sozialbehör-
den auf Unterstützung und Finanzierung der Eingliederungshilfe, sofern
die Voraussetzungen des § 36 Abs. 3
des SGB VIII erfüllt sind.
Festgeschriebene halbjährliche Hilfeplanfortschreibung unter Hinzuziehung aller Beteiligten.

Anfragen durch:	Stadt- und Kreisjugendämter
	Kinder- und Jugendpsychiatrien
	Landesjugendämter/Landessozialämter

| Aufnahmeanfragen: | Durch die Jugendämter als öffentliche |
| | Kostenträger |

Ansprechpartner:

Psychologie	07232/3044-37
Heimleitung	07232/3044-30
Zentrale	07232/3044-0
Intensivgruppe	07232/3044-26

Tagespflegesatz: Grund- und Fachleistungen (Intensivbetreuung, therapeutische Leistungen) DM 340,40. Unter Umständen können individuelle Vereinbarungen getroffen werden.

Kriseninterventention: Bei akuten Krisen und Konfliktsituationen besteht für unsere Einrichtung die Möglichkeit, Kinder und Jugendliche kurzfristig in einer nahegelegenen kinder- und jugendpsychiatrischen Klinik zur ambulanten kurzfristigen Krisenintervention unterzubringen und, wo nötig, auch zur vollstationären Behandlung einweisen zu lassen. Diese Form der Zusammenarbeit hat sich in den vergangen Jahren positiv entwickelt und bewährt.

Grundleistungen/
Sonderleist.:

– Rund um die Uhr Betreuung (sichergestellt durch Nachtbereitschaft/Nachtdienst in der Intensivgruppe)
– Heilpädagogische Unterrichtsbegleitung durch eine heilpädagogische

Fachkraft, HPU, und die Betreuer der Intensivgruppe
- Familientherapie/Familienberatung durch die Heimpsychologin und Familienhelferin (Familientherapeutin)
- Supervision der Betreuer und Beratung durch Supervisor und Facharzt für Kinder- und Jugendpsychiatrie sowie den heiminternen Fachdienst
- Intensive Zusammenarbeit mit den umliegenden Kinder- und Jugendpsychiatrien und den öffentl. Kostenträgern auch im Hinblick auf die Hilfeplanung nach § 36 SGB VIII
- Betreuung, Förderung und Erziehung des Individuums; Einzelunterricht durch die Betreuer in Anlehnung an den Stoffplan der künftigen Schule und Jahrgangsstufe
- Inanspruchnahme aller therapeutischen Leistungen der Einrichtung im Bedarfsfall (Rhythmik, Psychomotorik, Reiten, Übungsbehandlungen im Einzelbezug, psychologische Psychotherapie, Spieltherapie etc.)
- Kurzfreizeiten und Ferienaufenthalte mit erlebnispädagogischem Charakter

Zusatzleistungen:
- Sozialpädagogisch betreute Fahrt zur Schule
- Einsatz der Familienhelferin vor Ort im Elternhaus. Einladung und Betreuung der Eltern in zwei Familienwohnungen (Küche, Bad, Wohnzimmer, Schlafzimmer etc.)
- Fortbildung und Schulung des Betreuungspersonals

161

Aufnahmekriterien:	Kinder und Jugendliche,
	– die kurz- oder längerfristig in eine reguläre Heimgruppe und entsprechende Schule und/oder wieder in die Herkunftsfamilie reintegriert werden können.
	– die in diesem Angebot eine Chance für sich erkennen können und somit dieser Maßnahme zustimmen.
	– die unter akuter Suizidalität stehen und deshalb weiterer lebensbejahender Hilfen bedürfen.
	– die unter Medikation stehen, mit dem Ziel, diese an Intensität abzubauen oder entbehrlich zu machen.
Ausschlußkriterien:	Schwer suchtabhängige Kinder und Jugendliche (Heroin, Alkohol, Ecstasy, Kokain etc.)
	Kinder und Jugendliche, die in der geschlossenen Station einer Kinder- und Jugendpsychiatrie waren und weiterer geschlossener Unterbringung bedürfen.
Wesentliche Ziele der Arbeit:	– Eingliederung und Integration in das Lebensfeld ›Heim‹, auch im Hinblick auf die anschließende Integration in eine reguläre Heimgruppe und/oder die Familie.
	– Intensive Begleitung der Kinder bei der Bewältigung des Alltages mit all seinen Anforderungen.
	* Krisenintervention während der Beschulungszeit
	* Einzelfallhilfen bei der Bewältigung schulischer und lebenspraktischer Aufgaben

* Einzelbezug und Einzelbeschäftigung mit förderndem und integrativem Charakter in unterschiedlichen Lebensbezügen werden geboten
* Ermutigung, Anleitung und Begleitung beim Aufbau des Selbstwertgefühls als Voraussetzung für die Aufnahme und Gestaltung von Außenkontakten
- Stärkung und Ausbau und/oder Wiederherstellung der ICH-Funktionen des Kindes als Voraussetzung für den adäquaten Zugang zur Welt.
- Vermittlung und Stärkung altersentsprechender (SOZIAL)-Kompetenzen, ohne die eigenen regressiven Bedürfnisse nach Annahme, Wertschätzung und Zuwendung leugnen zu müssen.

Unter Berücksichtigung dieser vorrangigen Ziele, die der Integration und Eingliederung seelisch behinderter Kinder und Jugendliche in das therapeutische Umfeld dienen, kann erzieherische und therapeutische Arbeit erst gewinnbringend für die betroffenen Kinder geleistet werden. Die gebotenen pädagogischen und therapeutischen Interventionen haben sich an den Schädigungen im Bereich des Denkens, des Bewußtseins, der Merkfähigkeit, der Wahrnehmung und Konzentration, der Gefühle und Stimmungen, des Antriebs und der psychomotorischen Ausdrucksfähigkeit zu orientieren, um die dadurch entstandenen Defizite im Bereich des Verhaltens, der Kommunikation, der Selbstversorgung und Bewältigung alltäglicher Aufgaben, der Übernahme und Aufrechterhaltung sozialer Rollen bearbeiten und beheben zu können, damit Benachteiligungen und Beeinträchtigungen im Zusammenleben, im Lernen und Arbeiten mit anderen abgebaut werden können oder gar nicht entstehen müssen.

Einbeziehung der Familie in die therapeutische Arbeit:

In den ersten 6-8 Wochen der Unterbringung eines Kindes in der Intensivgruppe wollen wir die Kontakte zum Elternhaus derart gestalten, daß wir abklären können, inwieweit es sinnvoll und angezeigt ist, das Herkunftsmilieu in die therapeutische Arbeit mit einzubeziehen. Wenn die Herkunftsfamilie zur Kooperation mit unserer Einrichtung bereit ist, soll nach Ablauf der ersten 6-8 Wochen die Familienarbeit (Familientherapie) ausgebaut und intensiviert werden. Wir sehen in der Einbeziehung der Herkunftsfamilie, wo dies sinnvoll und notwendig ist, bessere Chancen für den Heilungs- und Gesundungsprozeß des Kindes. Wir wollen Kindern und Jugendlichen die Voraussetzungen bieten, welche erst seelisches, geistiges und körperliches Wachstum ermöglichen.

Falls jedoch von seiten des Herkunftsmilieus geringe oder nur mangelnde Bereitschaft zur Kooperation erkennbar wird bzw. nicht mehr sinnvoll erscheint, muß der Schwerpunkt der therapeutisch-erzieherischen Arbeit mit dem Kind/Jugendlichen darin liegen, die Schuldgefühle und Gewissensnöte des Kindes sowie die der Eltern zu bearbeiten.

Um die Herkunftsfamilie besser erreichen zu können, bieten wir auf dem Heimgelände zwei Familienwohnungen an, in welchen die Eltern unter der Woche oder an Wochenenden leben und sich versorgen können und somit besser in den Gesundungs- und Heilungsprozeß ihres Kindes mit einbezogen werden können. Begleitet werden diese Aufenthalte durch die im Heim tätige Familienhelferin (selbst Mutter zweier erwachsener Kinder). Erst wenn sich die persönlichen Verhältnisse der Herkunftsfamilie stabilisiert haben, entsprechende psychosoziale Belastungsfaktoren für das Kind reduziert oder gar nicht mehr vorhanden sind, wird das Kind mit in die Familienwohnung integriert, damit Eltern und Kind Zusammenleben neu einüben, trainieren und erfahren können. Auf diese Weise haben wir die Möglichkeit, die Rolle der Eltern

(Mütter und Väter) in ihrer Beziehung zum Kind klärend zu begleiten, und können Anregungen geben, deren Verhältnisse untereinander neu auszugestalten. Hat sich ein Familiensystem durch die Beratung stabilisiert, begleiten wir die Familie über die Reintegration hinaus.

KOSTENBERECHNUNGSBLATT für die INTENSIVGRUPPE

Aufnahme: § 27 SGB VII in Verbindung mit § 35 a SGB VIII
§ 27 SGB VII in Verbindung mit § 34 SGB VIII

A. Grundbetreuungssatz/Grundleistungen

a) Leitung
(2,0 Stellen) $\dfrac{\text{Personalkosten}}{\text{Gesamtplatzzahl } 47}$: 365 Tage x $(95/100)$ = _____ DM

b) Verwaltung
(2 Stellen) $\dfrac{\text{Personalkosten}}{\text{Gesamtplatzzahl } 47}$: 365 Tage x $(95/100)$ = _____ DM

d) Betreuungspersonal $\dfrac{\text{Personalkosten}}{\text{Gesamtplatzzahl } 47}$: 365 Tage x $(95/100)$ = _____ DM
(5 Stellen)

e) Psychologie
(1,0 Stellen) $\dfrac{\text{Personalkosten}}{\text{Gesamtplatzzahl } 47}$: 365 Tage x $(95/100)$ = _____ DM

f) Supervision/
Konsiliarische
Beratung $\dfrac{\text{Personalkosten}}{\text{Gesamtplatzzahl } 47}$: 365 Tage x $(95/100)$ = _____ DM

Grundbetreuungssatz gesamt   = _____ DM

B. Sachkosten

a) Verköstigung
Frühstück___
Mittag_____   _____ x 365 Tage : 12 Monate : 30 Tage = _____ DM
Abend_____
Extradiät___

b) Müllgebühren $\dfrac{\text{DM/Jahr}}{\text{Gesamtplatzzahl } 47}$: 365 Tage = _____ DM

c) Versicherungs-
leistungen $\dfrac{\text{DM/Jahr}}{\text{Gesamtplatzzahl } 47}$: 365 Tage = _____ DM

d) Energie wie Strom,
Wasser, Heizung $\dfrac{\text{DM/Jahr}}{\text{Gesamtplatzzahl } 47}$: 365 Tage = _____ DM

Sachkosten gesamt = _____ DM

*Bei der anteiligen Berechnung der Personalkosten legten wir eine Belegungsquote von 95 % zugrunde.

166

C. Leistungskatalog / Extra- und Zusatzleistungen

a) Sozialpädagogisch begleitete Schulfahrt $\dfrac{\text{Aufwandkosten}}{\text{Gesamtplatzzahl}} \quad \dfrac{,-DM}{365\ \text{Tage}}$ = _____ DM

b) Beschulung Erziehungs- hilfe- mit Förderschule $\dfrac{\text{Schulgeld } 300,\text{-DM}}{\text{pro Monat und Kind}} \quad \dfrac{3.600,\text{- DM}}{365\ \text{Tage}}$ = _____ DM

c) Benutzung Familienwohnung Pauschale für Nebenkosten und Grundnahrungsmittel = _____ DM

d) Familienhelfereinsatz vor Ort im Elternhaus $\dfrac{\text{Personalkosten}}{\text{Gesamtplatzzahl } 47}$: 365 Tage x (95 / 100) = _____ DM

e) Betreuung der Familien in der Familienwohnung

Extraleistungen gesamt = _____ DM

A. Grundbetreuungssatz _____ DM
B. Sachkosten _____ DM
C. Extraleistungen _____ DM
A, B + C ergibt TP-Satz _____ DM

D. Leistungen nach Gebührenkatalog und Rechnungen pro Monat

a) Therapeutisches Reiten   Anzahl/Stunden/Monat x Kosten   = _____ DM

_____ x _____

b) Heilpädagogische
    Übungsbehandlungen

* Spieltherapie   Anzahl/Stunden/Monat x Kosten   = _____ DM

_____ x _____

* Rhythmik   Anzahl/Stunden/Monat x Kosten   = _____ DM

_____ x _____

* Psychomotorik   Anzahl/Stunden/Monat x Kosten   = _____ DM

_____ x _____

* Heilpäd. Kochen   Anzahl/Stunden/Monat x Kosten   = _____ DM
   im Einzelbezug

_____ x _____

* Heilpäd. Werken   Anzahl/Stunden/Monat x Kosten   = _____ DM

_____ x _____

c) Schul- und   Anzahl/Stunden/Monat x Kosten   = _____ DM
   Lernförderung

_____ x _____

Gebührenkatalog gesamt   = _____ DM

PFLEGESATZVEREINBARUNG

Aufgrund beigefügter Kostenaufstellung wurde für das Kind, die/den Jugendliche(n), zwischen einem Vertreter des Jugendamtes und der Heimleitung des Sperlingshofes folgender Pflegesatz vereinbart:

Datum: _____

Pflegesatz: _____DM

Vertreter des Jugendamts: Herr/Frau_____

Heimleitung/Sperlingshof: Herr/Frau_____

Name des jungen Menschen: _____, geb:_____

Aufnahmedatum: _____

_____   _____
Unterschrift: Jugendamt   Unterschrift: Einrichtung

9.0 Ergebnisse einer Bedarfsanalyse zur Ermittlung notwendiger Betreuungsplätze innerhalb der stationären Jugendhilfe für den Personenkreis der seelisch behinderten jungen Menschen

Ergebnisse einer Bedarfsanalyse

Einführung

Lassen Sie mich zuallererst Grundsätzliches zur Zusammenarbeit zwischen Kinder- und Jugendpsychiatrie und der stationären Jugendhilfe sagen, bevor anhand der Umfrageergebnisse die Erwartungshaltungen der Kinder- und Jugendpsychiatrie an die Heimerziehung vorgetragen werden.

Jugendhilfe und Kinder- und Jugendpsychiatrie stellen als zwei unterschiedliche Fachdisziplinen »Hilfen« zur Entwicklung einer eigenverantwortlichen und gemeinschaftsfähigen Persönlichkeit und zur sozialen Integration von Kindern und Jugendlichen zur Verfügung.

So sehr beide Fachgebiete nach außen hin den Wunsch und die Notwendigkeit einer engeren Kooperation im Interesse der Kinder und Jugendlichen erkannten und für unbedingt erstrebenswert hielten, so schwer taten sie sich auch, sich für die jeweils andere »Sichtweise« und die anderen Schwerpunkte der Arbeit zu öffnen.
Durch den Einfügungsparagraphen § 35 a SGB VIII »Eingliederungshilfe für seelisch behinderte Kinder und Jugendliche« in das Jugendrecht sind erstmals ernsthafte Bemühungen innerhalb der stationären Jugendhilfe erkennbar, sich diesem nicht unbedingt neuen, aber doch zunehmend »schwieriger gewordenen und in aller Regel schwer vorbelasteten Personenkreis« zu öffnen.

Sah sich die Psychiatrie bisher mit Vorwürfen der Jugendhilfe, hier insbesondere durch die Heimerziehung konfrontiert, zu unkonkrete Angaben über Störungen, deren Verlauf und deren Behandlung zu machen und keine oder nur unzureichend Betreuungsempfehlungen vermittelt zu haben, so sah sich die Heimerziehung umgekehrt gerne als »Entsorgungsanstalt« für in der Kinder- und Jugendpsychiatrie untragbar gewordene oder nicht mehr erreichbare Kinder und Jugendliche an.

Umgekehrt warf die Kinder- und Jugendpsychiatrie zu Recht der Heimerziehung vor, sich dem Personenkreis der Kinder und Jugendlichen zu verschließen, die nach langen Behandlungsphasen in der Psychiatrie durch die Jugendämter in die Heimerziehung zu vermitteln versucht wurden. Zudem sah sich Heimerziehung damit konfrontiert, »schwierig werdende Jugendliche« allzu schnell in die Psychiatrie zu stecken, um sich im Anschluß einer Wiederaufnahme untragbar gewordener Jugendlicher zu verschließen. Damit war die Kinder- und Jugendpsychiatrie wieder zum Auffangbecken problembeladener und schwer integrierbarer Jugendlicher geworden, mit der Aufgabe, nach neuen/anderen Unterbringungsmöglichkeiten innerhalb der stationären Jugendhilfe Ausschau zu halten.

Einig können sich Jugendhilfe und Kinder- und Jugendpsychiatrie darüber sein, daß Kinder und Jugendliche, die unter dem § 35 a SGB VIII erfaßt werden, als Problemgruppe anerkannt werden können, weil sie, bis der Leistungstatbestand nach § 35 a SGB VIII erfüllt wurde, zunehmend zum Problem für Eltern, für Schule, für eine Gruppe oder die sozialstaatliche Ordnung geworden sind. Einig sind sich beide Fachgebiete auch darüber, daß es immer mehr junge Menschen gibt, die im Grenzbereich zwischen psychischer Erkrankung und Verhaltensauffälligkeit und damit als erheblich beeinträchtigt oder aber als einfach »besonders schwierig« gelten.

Einig kann man sich auch darüber sein, daß eben im Interesse dieser jungen Menschen eine neue Art des Umgangs und eine intensivere Form der Zusammenarbeit zwischen Psychiatrie und Jugendhilfe (hier vornehmlich Heimerziehung) als zwei unterschiedlichen Fachgebieten mit jeweils eigenständigem Anspruchsdenken, aber mit sehr ähnlichen Zielvorgaben entstehen muß. Dies bedeutet, daß jede Fachdisziplin mit ihrem eigenen Anspruchsdenken versuchen sollte, sich für die jeweils anderen Sichtweisen von Störungs- und Krankheitsbildern im Erleben und Verhalten von jungen Menschen zu öffnen.

Auswertung der Fragebogen

Von insgesamt 27 angeschriebenen Kinder- und Jugendpsychiatrien (Landeskrankenhäuser, Universitätskliniken, Fachkrankenhäuser etc.) (das vorläufige Konzept einer spezialisierten Betreuungseinrichtung lag bei) haben erfreulicherweise 22 Einrichtungen unsere Fragen beantwortet und z.T. mit weiteren Ergänzungen bzw. Anregungen an uns zurückgesandt. Das deutliche Ergebnis der Rücklaufquote von 81,4 % verdeutlicht die Notwendigkeit und den Wunsch der Kinder- und Jugendpsychiatrien, innerhalb der stationären Jugendhilfe geeignete Unterbringungsplätze im Anschluß an eine vollstationäre Versorgung ihrer Patienten zu finden.

Fragebogen

Damit wir uns gezielt auf den Bedarf an Plätzen zur weiteren Nachsorge seelisch behinderter Kinder und Jugendlicher in der Jugendhilfe einrichten können, wenden wir uns an Sie mit der Bitte, die nachfolgenden Fragen aufgrund Ihrer Erfahrungen einzuschätzen und beantwortet an uns zurückzusenden.

Vielen Dank für Ihre Mithilfe!

Frage 1
Wieviel vollstationäre Plätze haben Sie in Ihrer kinder- und jugendpsychiatrischen Abteilung

10 – 20 ❑   20 – 40 ❑   40 – 60 ❑   60 und mehr ❑

Zu Frage 1:
  Anhand der ersten Frage, wieviel kinder- und jugendpsychiatrische Plätze bereitstehen, wurde deutlich, daß die durchschnittliche Platzkapazität bei 20-40 Betten liegt, wobei die Tendenz eher auf die 30-Betten-Grenze schließen läßt. Zudem treffen Untersuchungen zu, daß die kinder- und jugendpsychiatrischen Abteilungen, teilweise in erheblichem Maße, bis zu 20 % überbelegt sind.
  Deutlich wurde, daß mit der Fragebogenaktion also ein kinder- und jugendpsychiatrisches Platzangebot von ca. 600 Betten eruiert wurde. Vier angeschriebene Psychiatrien verfügen über ein Platzangebot von über 50 Betten und darüber hinaus.

Frage 2
Wieviel Kinder haben Sie im vergangenen Jahr 1994 aufgenommen?

als Akutfälle zur Krisenintervention   ❑   davon Heim ❑

geplante und vorbereitete Aufnahmen ❑   davon Heim ❑

Zu Frage 2:
Die zweite Frage konnte von nur wenigen Psychiatrien in der vorliegenden Form beantwortet werden, da eine aktualisierte Dokumentation der Daten nicht zur Verfügung stand und erst umfänglicher Nachforschungen und Erhebungen bedurft hätte.

Dennoch wurde deutlich, daß die durchschnittliche Anzahl der Aufnahmen von Kindern und Jugendlichen (bei Akutaufnahmen und vorbereiteten Aufnahmen) bei 230 lag. Man darf davon ausgehen, daß der überwiegende Teil der eingewiesenen Kinder als Akutfall zur Krisenintervention anzusehen ist.

Bei vier Psychiatrien lag die Anzahl der aufgenommenen Kinder und Jugendlichen im Jahr höher als 350. Dies stand auch im Zusammenhang mit dem größeren Platzangebot dieser Kliniken.

Frage 3
Wieviel Tage umfassen Akutaufnahmen im Durchschnitt?
_____Tage
Durchschnittliche Verweildauer bei vorbereiteten Aufnahmen?
_____Tage

Zu Frage 3:
Diese Frage konnte von fast allen Beteiligten dieser Umfrage ausreichend beantwortete werden. So betrug die durchschnittliche Verweildauer bei Akutaufnahmen 24,6 Tage, bei vorbereiteten Aufnahmen 53 Tage.

Frage 4
Wie ist der Geschlechteranteil männlich/weiblich Ihrer Patienten prozentual verteilt?

Mädchen_____% Jungen_____%

Wie hoch ist das Durchschnittsalter der Jungen/Mädchen?

Mädchen_____ Jungen_____

174

Zu Frage 4:

Überwiegend wurden in den beteiligten Psychiatrien Jungen behandelt. Eine große Münchner Klinik gab als einzige den Anteil der Mädchen mit 40 %, den Anteil der Jungen mit 60 % an. Sieben Psychiatrien konnten detailliert nachweisen, daß die Altersgruppe zwischen 7 und 14 Jahren von Jungen dominiert wird, dagegen die Altersgruppe zwischen 14 und 18 Jahren verstärkt von Mädchen repräsentiert wird. Der höhere Anteil der Jungen kann damit begründet werden, daß diese ihre Konflikte und Probleme eher durch aggressive Ausbrüche und nach »außen gerichtete«, im Meinungsbild Erwachsener (Lehrer, Erzieher, Eltern etc.) nicht akzeptable Verhaltensweisen ausagieren und als »*auffällig*«, als »*Störenfriede*« und auch als *Bedrohung* einer inneren und äußeren Ordnung erlebt werden. Die Mädchen hingegen treten eher durch apathisches und subdepressives Verhalten, durch »*Sichzurückziehen*« in Erscheinung, wobei die eigentlichen Probleme dieser Personengruppe erst viel später als »*besorgniserregend*« erkannt werden, wenn erste suizidale Tendenzen, autoaggressive Züge, Suchtverhalten und ähnliches erkannt und als dringend behandlungsbedürftig angesehen werden.

Frage 5
Gab es in Ihrer Klinik schon einmal die Situation, daß Sie für einen jungen Menschen im Anschluß an eine psychiatrische Behandlung einen geeigneten Unterbringungsplatz suchten und keinen finden konnten, so daß der junge Mensch länger als geplant und unbedingt nötig in Ihrer Klinik verweilen mußte? Wenn ja, in wieviel Fällen?

Im Jahr 1993_____   Anteil Jungen, insges._____

Im Jahr 1994_____   Anteil Jungen, insges._____

Zu Frage 5:

Diese Frage konnte von allen Psychiatrien deutlich und differenziert beantwortet werden. Die Auswertung ergab, daß

175

für ca. ein Viertel (26,1 %) der Patienten ein geeigneter Unterbringungsplatz gesucht aber nicht sofort gefunden werden konnte, so daß die Unterbringungszeit länger als unbedingt notwendig oder kassenrechtlich verantwortbar hinausgezögert werden mußte. Auch hier war im Durchschnitt der Anteil der Jungen erheblich höher angegeben als der der weiblichen Patienten.

Frage 6
Wieviel junge Menschen wurden im Anschluß an Ihre Unterbringung in Ihrer Klinik in der Jugendhilfe untergebracht?

Im Jahr 1993_____   Im Jahr 1994_____

In wieviel Fällen hätten Sie sich eine bessere therapeutische und personalintensivere Ausstattung der unterbringenden Einrichtung im Rahmen der Jugendhilfe gewünscht?

In_____Fällen.

Zu Frage 6:
Bei Auswertung dieser Frage ergab sich, daß für fast 30 % (29,4 %) der Patienten im Anschluß an eine stationäre Behandlung in einer kinderpsychiatrischen Klinik eine Unterbringung in einer Jugendhilfeeinrichtung, also Heimerziehung, nötig und dringend indiziert war. So zeigte die Landesklinik Nordschwarzwald in Hirsau bei einer Aufnahme von 120 Patienten im Jahr 1994 die sich anschließende Unterbringung in Heimen von 45 Kindern und Jugendlichen an. Die Heckscher-Klinik in München hatte bei einer Aufnahme von 350 Patienten im Anschluß an deren Behandlung 80 Kinder und Jugendliche im Rahmen der Jugendhilfe (Heimerziehung) unterzubringen.
Auf die sich anschließende Frage, in wieviel Fällen sich die Kinder- und Jugendpsychiatrien eine personalintensivere und therapeutisch dichtere Ausstattung der belegten Jugendhilfeeinrichtung gewünscht hätten, antworteten alle, daß dies

in den allermeisten Fällen notwendig und wünschenswert gewesen wäre.

Frage 7
Ist Ihrer Meinung nach der Begriff der »seelischen Behinderung« für einen Teil Ihrer Patienten zutreffend?

ja ❑   nein ❑

Zu Frage 7:
Diese Frage wurde von allen Beteiligten mit »ja« beantwortet. Dies macht deutlich, daß es die »seelisch behinderten Kinder« oder »von seelischer Behinderung bedrohten Kinder« gibt. Dies ist nicht alleine durch das Definitionsmonopol der Kinder- und Jugendpsychiater begründet.

Frage 8
Wie hoch schätzen Sie den Anteil der Kinder und Jugendlichen ein, die Ihrer Auffassung nach eindeutig als »seelisch behinderte Kinder und Jugendliche« definiert werden können, um dadurch weiterführende sowie effiziente Betreuungs- und therapeutische Leistungen im Rahmen einer Eingliederungshilfe sicherzustellen?

In 1993_____   In 1994_____   Prognose 1995_____

Zu Frage 8:
Antwort auf diese Frage gaben 19 der angefragten Kinderpsychiatrien. Der Anteil der Kinder, der von den Psychiatrien als eindeutig seelisch behindert definiert werden konnte, lag bei 30-50 %. Der Durchschnittswert ergab 39,6 %. Auffallend bei diesem Wert war, daß vor allem die psychiatrischen Kliniken, die mehr als 60 Betten hatten und in Großstädten oder im Einzugsbereich größerer Städte lagen (München, Eltville, Klingenmünster), den Anteil deutlich mit 40 und 50 % angaben. Dies läßt die Vermutung zu, daß die in Ballungszentren bekannte Ghettoisierung, Anonymisierung und Trabanten-

siedlungen und die fehlenden Entfaltungs- und Freizeitmöglichkeiten sowie eine höhere Delinquenzquote Kinder und Jugendliche eher behandlungsbedürftig erscheinen lassen, als das für Kinder aus dem ländlichen Raum zutreffen mag. Anzumerken ist, daß es unterschiedliche Ausprägungs- und Intensitätsgrade von »seelischer Behinderung« gibt, die nicht alle einer personalintensiven Betreuung und Förderung bedürfen. Hier muß im Rahmen der vorläufigen Hilfeplanung nach § 36 Abs. 3 SGB VIII sowie über die Gesamtvereinbarung gem. § 5 Abs. 3 des Gesetzes über die Angleichung der Leistungen zur Rehabilitation und anhand der anamnestischen Erhebungen, Vorberichte und medizinischen Befunde der genaue Hilfebedarf ermittelt werden, ohne sich von kostenpragmatischen Überlegungen seitens der Kostenträger überfrachten zu lassen.

Frage 9
Wie stehen Sie als Arzt/Therapeut zu einem solchen Angebot? Glauben Sie, daß es psychische Auffälligkeiten und Krankheitsbilder gibt, deren prognostischer Verlauf günstig beeinflußbar wird durch einen solch intensiven Aufwand, wie im Konzept beschrieben?
Wenn ja, geben Sie bitte eine kurze Begründung:

Wenn nein, glauben Sie, daß seelisch behinderte Kinder im Rahmen einer normalen Heimunterbringung im Sinne des § 34 SGB VIII ausreichend zu fördern sind?

Ja   Andere Nennungen _____

Zu Frage 9:
Diese Frage fand bei allen Beteiligten großen Zuspruch. Vor allem verband der überwiegende Teil der Befragten (17 von 22) mit diesem Angebot eine mittelfristige Integration in reguläre Lebensfelder (Heimgruppe, Schule, Arbeitsleben, Familie etc.) und eine Stärkung der Beziehungs- und Konfliktlö-

sungsfähigkeit. Zwei Psychiatrien bedauerten, daß für Kinder, die in geschlossener Unterbringung waren, dieses Angebot nicht in Frage kommt.

Frage 10
Der Gesetzgeber hat durch § 36 Abs. 3 SGB VIII sichergestellt, daß eine seelische Behinderung nur dann vorliegt, wenn als Folge einer vom Facharzt festgestellten psychischen Erkrankung erhebliche psychische Störungen bestehen, welche die Ausübung der sozialen Funktionen und Rollen in Familie, Beruf, Schule, Peergroups etc. im Kontext gesellschaftlicher Verhaltenserwartungen nicht nur vorübergehend erheblich beeinträchtigen.

Dies macht deutlich, daß Eingliederungshilfe im Sinne des § 35 a SGB VIII nur dann in Frage kommt, wenn ein fachärztliches Gutachten vorliegt, aus dem die Notwendigkeit der Eingliederungshilfe für einen zunächst begrenzten Zeitraum hervorgeht.

In wieviel Fällen Ihrer Patienten, glauben Sie, bedarf es eines solchen Gutachtens?

1 % ❑   5 % ❑   10 % ❑   20 % ❑   30 % und mehr ❑

Zu Frage 10:
Zu dieser Frage gaben alle befragten Psychiatrien die gleichlautende Antwort. Alle sahen für 30 % und mehr die Notwendigkeit einer Eingliederungshilfe im Sinne des § 35 a SGB VIII und sahen den Bedarf für eine fachärztliche Stellungnahme (Gutachten) im Sinne des § 36 Abs. 3 SGB VIII, um die entsprechenden Eingliederungshilfen mit absichern zu helfen.
Dieses Ergebnis korrelierte sehr stark mit dem Ergebnis zu Frage 8, die mit einem Durchschnittswert von 39,6 % den Anteil der »seelisch behinderten Kinder« ermittelte.

Frage 11
Haben Sie schon Gutachten oder fachärztliche Stellungnahmen über seelische Behinderungen im Kindes- und Jugendalter erstellt? Wie waren Ihre Erfahrungen im Hinblick auf die weitere Behandlung Ihres Patienten

Gut ❏   zufriedenstellend ❏   ausreichend ❏

Zu Frage 11:

Unter dieser Fragestellung gaben alle Beteiligten den Wert »zufriedenstellend« bis »ausreichend« an, was anhand der Ergebnisse zu Frage 6 zur personalintensiveren Ausstattung belegt ist.

Frage 12
Würden Sie das Angebot einer Intensivgruppe im Rahmen der Jugendhilfe für erstrebens- und wünschenswert halten?

Ja, unbedingt ❏   je nachdem ❏   nicht erforderlich ❏

Zu Frage 12:

Alle der 22 Beteiligten gaben an, daß sie das Angebot einer solchen Intensivgruppe im Rahmen der Jugendhilfe für unbedingt erstrebens- und wünschenswert halten. Also ein eindeutiger Auftrag an den Gesetzgeber und die öffentlichen Kostenträger als Maßnahmeträger einer zu gewährenden Eingliederungshilfe.

Frage 13
Wie hoch schätzen Sie den jährlichen Bedarf an Plätzen im Rahmen der Jugendhilfe für seelisch behinderte junge Menschen in Ihrem Bundesland ein?

_____Plätze
Wieviel Plätze gibt es Ihrer Meinung nach tatsächlich?

_____Plätze

Zu Frage 13:
Bei dieser Frage taten sich 17 der 22 Beteiligten schwer. Nur 5 der befragten Kliniken war es möglich, eine Einschätzung über den Bedarf an solchen Plätzen (Intensivgruppe, wie im Konzept vorgestellt) für Ihr Bundesland abzugeben. So wurde für das Bundesland Baden-Württemberg der Bedarf von 120-150 Plätze anerkannt und angegeben. Die in Hessen, Rheinland-Pfalz und Niedersachsen ansässigen Psychiatrien sahen sich außerstande, hierzu genauere Bedarfszahlen anzugeben.

Auf die letzte Frage, ob es nach Meinung der Psychiatrien schon solche Plätze gäbe, antwortete eine Klinik aus Baden-Württemberg, daß ihnen ein Angebot mit 20 Plätzen bei Stuttgart bekannt sei.

Zusammenfassung:

Die Ergebnisse erheben nicht den Anspruch, als repräsentativ angesehen zu werden. Sie verdeutlichen aber dennoch, woran es der Kinder- und Jugendpsychiatrie einerseits und der stationären Jugendhilfe (hier Heimerziehung) andererseits gemangelt hat. Die Eingangsfrage, was die Kinder- und Jugendpsychiatrie von der stationären Jugendhilfe erwarten darf, provoziert ja geradezu die Gegenfrage: »Was darf Jugendhilfe, konkret die Heimerziehung, von der Kinder- und Jugendpsychiatrie erwarten?«
Und in dieser Frage wird ja schon deutlich, wie sehr der dialogische Prozeß zwischen beiden Fachgebieten, das Aufeinanderbezogensein, zunehmend an Bedeutung gewinnen muß, soll die Kinder- und Jugendpsychiatrie in der Heimerziehung künftig einen verläßlichen Partner finden und sollen die Anliegen stationärer Jugendhilfe überhaupt mehr Bedeutung in der Kinder- und Jugendpsychiatrie gewinnen.

Ich verweise hier ganz bewußt auf den seit vielen Jahren kritisierten und untragbar gewordenen Einrichtungs- und

Psychiatrietourismus, dem bis heute eine Vielzahl an Kindern und Jugendlichen durch die Heimerziehung, aber auch durch die Kinder- und Jugendpsychiatrien ausgesetzt sind. Diese leider vornehmlich in der stationären Jugendhilfe »gescheiterten« jungen Menschen sind letztlich Opfer einer mangelnden, bisher auf Abgrenzung bedachten Auseinandersetzung zwischen beiden Fachgebieten, und sie haben leider nicht immer zur notwendigen Einsicht einer besseren Kooperation und einer gemeinsamen Entwicklung notwendig erkannter Betreuungs- und Behandlungsstrategien für seelisch beeinträchtigte und/oder psychisch kranke junge Menschen innerhalb der Heimerziehung geführt.

Will man Einschätzungen namhafter Wissenschaftler auf dem Gebiet der Psychiatrie und Pädiatrie Glauben schenken *(vgl. hierzu auch: H. Remschmidt, Praxis der Kinderpsychologie und Kinderpsychiatrie, Heft 9-10/1990, S. 338)*, so sind 2-3 % der Bevölkerung als »seelisch behindert« einzustufen. In Zahlen bedeutet dies, daß in der Bundesrepublik Deutschland gegenwärtig ca. 2,4 Mio. Menschen mit psychischen Problemen und seelischen Mangelzuständen leben und als behandlungsbedürftig gelten. Rechnet man nun den Anteil der Kinder und Jugendlichen im Alter zwischen 6 und 18 Jahren heraus, ergibt sich für die Kinder- und Jugendpsychiatrien und für die Jugendhilfe mit all ihren Hilfeangeboten und Betreuungsformen ein Anteil von derzeit ca. 500.000 behandlungs- und erziehungsbedürftig erscheinenden jungen Menschen.

Diese Zahlen machen die Dimension und zugleich die Auftragslage für beide Fachdisziplinen deutlich und zwingen geradezu zu einer neuen Form der Kooperation.

Jugendhilfe (Heimerziehung) und die Kinder- und Jugendpsychiatrie waren seit jeher immer schon die »soziale Feuerwehr«, wenn Kinder und Jugendliche und deren Eltern in erhebliche Belastungssituationen gerieten, aus denen sie sich aus eigener Kraftanstrengung selbst nicht befreien konnten.

Was darf aber nun die Kinder- und Jugendpsychiatrie von der Jugendhilfe erwarten?

Die stationäre Jugendhilfe wird künftig mehr und erst recht durch den Einfügungsparagraphen § 35 a SGB VIII mit jungen Menschen konfrontiert sein, deren individuelle Schwierigkeiten zwischen psychischer Erkrankung, dadurch entstandenen sozialen Benachteiligungen und erheblichen Erziehungsdefiziten liegen. Während in der Psychiatrie die Behandlungsbedürftigkeit vor Erziehungsbedürftigkeit steht, geht es in der Jugendhilfe vornehmlich darum, vorhandene Erziehungsdefizite aufzuholen, Beziehungshindernisse (emotionale Verarmung, fehlendes Vertrauen, Bindungsunwilligkeit, Mißtrauen, Ich-Schwäche usw.) auszugleichen und abzubauen sowie lohnenswerte Lebensperspektiven aufzuzeigen, um bei solchen belasteten jungen Menschen eine intrinsische Motivation zugunsten einer Mitarbeit bei der Bewältigung eigener Lebenskrisen zu wecken, um dadurch erst deren Integration möglich werden zu lassen. Dieser Schwerpunkt zeichnete die Sozialpädagogik bisher aus. Dennoch darf sie sich künftig auch der sozial- und kinderpsychiatrischen Kompetenz nicht verschließen. Gerade seelisch behinderte junge Menschen oder von einer seelischen Behinderung bedrohte sind neben der Prämisse »Erziehungsbedürftigkeit« auch noch als erheblich behandlungsbedürftig anzusehen. Diese Erkenntnis schließt mit ein, daß die Sozialpädagogik und Heilpädagogik sich psychiatrischer Sichtweisen und Kompetenzen bedienen muß, um bei der diagnostischen Klärung und Behandlung seelischer Störungen neben den belastenden Bedingungen (Familie, Umfeld etc.) auch individuelle, anlagebedingte Faktoren zu berücksichtigen, die das Verstehen und Verständnis für »Störungsverhalten« und krisenhafte Belastungssituationen des jungen Menschen ermöglichen und erst dadurch helfen können, den adäquaten Erziehungs- und Behandlungszugang sicherzustellen.

Jugendhilfe muß anerkennen, daß im »dialogischen Prozeß«

zwischen den am Behandlungsprozeß Beteiligten innerhalb der Kinder- und Jugendpsychiatrie, im Zusammenspiel der Kräfte, die von seiten des Patienten selbst, seiner Eltern und von seiten der Pfleger, Therapeuten und Ärzte im ständigen Austausch freigesetzt werden,

1. Ursachenforschung betrieben,
2. Hilfe- und Behandlungs(auch Erziehungs-)bedarf erkannt und festgelegt,
3. ein Behandlungsplan erstellt,
4. Evaluation und Selbstkontrolle ermöglicht,
5. der Behandlungsplan modifiziert und fortgeschrieben,
6. Betreuungsempfehlungen für Eltern, Jugendhilfe und weitergehende Dienste formuliert,
7. die Behandlungsbedürftigkeit zugunsten von Erziehungs- und Begleitungsbedürftigkeit als nachrangig angesehen wird (siehe Punkt 2.3).

Es ist aus meiner Sicht und damit aus Sicht eines in der Heimerziehung Großgewordenen unbestritten, daß hier die Kinder- und Jugendpsychiatrie der stationären Jugendhilfe voraus ist. Es muß im Interesse der Jugendhilfe sein, sich hier aus der Kinder- und Jugendpsychiatrie heraus Dienstleistungen einzukaufen. Dies kann folgendermaßen aussehen:

– Engere Anbindung an mehrere Kinder- und Jugendpsychiatrien (regelmäßige Unterrichtung der Kliniken über freie Plätze, neue Behandlungs- und Betreuungskonzepte und über heiminterne Fortbildungsangebote)
– Schließen eines Kooperationsvertrages mit einer in räumlicher Nähe liegenden Klinik
  (Inhalt: Bereitstellung von Plätzen bei notwendig werdenden Kriseninterventionen und die Verpflichtung des Heimes, den Patienten nach erfolgter Intervention wieder aufzunehmen. Anbindung an in der Kinder- und Jugendpsychiatrie organisierte Fortbildungsangebote, Umfang in Anspruch zu nehmender konsiliarischer Beratung, Arbeitskreis Heim-Psychiatrie etc.)
– Exkursionen in psychiatrische Kinderkliniken und Tages-

184

kliniken, um Einblick in Alltagsstrukturen, Dienstzeiten, Betreuungsaufwand, Schwerpunkte und Organisation zu erhalten und umgekehrt den Zugang der Psychiatrie zu Organisationsabläufen der stationären Jugendhilfe und ihren Schwerpunkten
– Betreuungsempfehlung für den in der Heimeinrichtung aufzunehmenden jungen Menschen aus Sicht der Stationspflegerinnen, Therapeuten, Lehrer und Ärzte als Voraussetzung für das Betreuungssetting innerhalb der Jugendhilfeeinrichtung und für den Hilfeplan nach § 36 SGB VIII

Die Jugendhilfe vergibt sich nichts, sie begibt sich nicht in Abhängigkeit. Im Gegenteil: Durch dieses mehr »Aufeinanderbezogensein«, welches sich aus der gemeinsamen Sorge um den jungen Menschen ergibt, hat auch die Jugendhilfe (Sozialpädagogik/Heilpädagogik) die Möglichkeit, mehr noch als vielleicht bisher geschehen, auch erzieherische Momente, jugendhilferelevante Schwerpunkte, ihr Selbstverständnis überhaupt in die Arbeit der Kinder- und Jugendpsychiatrie hineinzutragen. Denn auch die Kinder- und Jugendpsychiatrie darf »störendes, als krankhaft angesehenes Verhalten« nicht nur auf individuelle Dispositionen zurückführen, sondern muß beim Verstehen des »störenden und gestörten Verhaltens« mehr noch, als vielleicht bisher getan, den sozialen Kontext und die damit verbundenen Entstehungszusammenhänge einbeziehen und wird von daher auch die sozialpädagogische, die Jugendhilfekompetenz künftig vermehrt in Anspruch nehmen müssen.

9.1 Klassifikationen der psychischen Störungen nach ICD-10

Nach Weiterentwicklung der diagnostischen Ordnungssysteme in der Psychiatrie wird heute die »Internationale Klassifikation psychischer Störungen« nach ICD-10 (1991) und DSM-4 (Herbst 96) zur Definition der ›seelischen Behinderung‹ herangezogen. Hier wird u.a. versucht, Störungs- und Verlaufsmuster unter Berücksichtigung entwicklungsspezifischer Gesichtspunkte psychischer Störungen des Kindes- und Jugendalters zu differenzieren und soziale Umstände als Belastungsfaktoren mit einzubeziehen (Remschmidt u. Schmidt 1994).

Folgende Gliederung psychiatrischer Klassifikationen wird durch den ICD-10 vorgenommen:

F0 Organische einschließlich symptomatische psychische Störung

F1 Psychische- und Verhaltensstörung durch psychotrope Substanzen

F2 Schizophrenie, schizotype und wahnhafte Störung

F3 Affektive Störung

F4 Neurotische, Belastungs- und somatoforme Störung

F5 Verhaltensauffälligkeiten mit körperlichen Störungen oder Faktoren

F6 Persönlichkeits- und Verhaltensstörungen

F7 Intelligenzminderung (überwiegend Konstrukt der geistigen Behinderung)

F8 Entwicklungsstörungen

F9 Verhaltens- und emotionale Störung mit Beginn in der Kindheit und Jugend

(Folgend einige Kapitel auszugsweise. Direkte Zuweisungen zum Konstrukt der »seelischen Behinderung« wurden nicht vorgenommen. Diagnosen, welche eher nicht diesem Konstrukt angehören, habe ich vorläufig mit »-« gekennzeichnet. Z.B. sei die Diagnose »Autismus« nicht dazugehörig. Diese Aussage wird jedoch in Fachzeitschriften diskutiert, und Untersuchungen sind in Planung.)

F4 Neurotische, Belastungs- und somatoforme Störungen

F40	phobische Störungen	
	F40.0	Agoraphobie
	F40.00	Agoraphobie ohne Panikstörung
	F40.01	Agoraphobie mit Panikstörung
	F40.1	soziale Phobien
	F40.2	spezifische (isolierte) Phobien
	F40.8	sonstige phobische Störungen
	F40.9	nicht näher bezeichnete phobische Störung

F41	andere Angststörung	
	F41.0	Panikstörung (episodisch paroxysmale Angst)
	F41.00	mittelgradige Panikstörung: mindestens vier Panikattacken in vier Wochen
	F41.01	schwere Panikstörung: mindestens vier Panikattacken pro Woche über einen Zeitraum von vier Wochen
	F41.1	generalisierte Angststörung ---- F93.80 für Kinder
	F41.2	Angst und depressive Störung gemischt
	F41.3	sonstige gemischte Angststörung
	F41.8	sonstige näher bezeichnete Angststörung
	F41.9	nicht näher bezeichnete Angststörung

F42 Zwangsstörung
    F42.0   vorwiegend Zwangsgedanken und Grübelzwang
    F42.1   vorwiegend Zwangshandlungen (Zwangsrituale)
    F42.2   Zwangsgedanken und -handlungen gemischt
    F42.8   sonstige Zwangsstörung
    F42.9   nicht näher bezeichnete Zwangsstörung

F43 Reaktion auf schwere Belastungs- und Anpassungsstörung
    F43.0   akute Belastungsstörung
    F43.00   leicht
    F43.01   mittelgradig
    F43.02   schwer
    F43.1   posttraumatische Belastungsstörung
    F43.2   Anpassungsstörung
    F43.20   kurze depressive Reaktion
    F43.21   längere depressive Reaktion
    F43.22   Angst und depressive Reaktion gemischt
    F43.23   mit vorwiegender Beeinträchtigung von anderen Gefühlen
    F43.24   mit vorwiegender Störung des Sozialverhaltens
    F43.25   mit gemischter Störung von Gefühlen und Sozialverhalten
    F43.28   mit sonstigen vorwiegend genannten Symptomen
    F43.8   sonstige Reaktion auf schwere Belastung
    F43.9   nicht näher bezeichnete Reaktion auf schwere Belastung

F44 dissoziative Störung (Konversionsstörungen)
    F44.0   dissoziative Amnesie
    F44.1   dissoziative Fugue
    F44.2   dissoziativer Stupor
    F44.3   Trance- und Besessenheitszustände
    F44.4   dissoziative Störungen

F44.5	dissoziative Krampfanfälle
F44.6	dissoziative Sensibilitäts- und Empfindungsstörung
F44.7	dissoziative Störungen (Konversionsstörungen), gemischt
F44.8	sonstige dissoziative Störungen (Konversionsstörungen)
F44.80	Ganser-Syndrom (Vorbeiantworten)
F44.81	multiple Persönlichkeitsstörung
F44.82	vorübergehende dissoziative Störungen (Konversionsstörungen) im Kindes- und Jugendalter
F44.83	sonstige näher bezeichnete dissoziative Störungen (Konversionsstörungen)
F44.9	nicht näher bezeichnete dissoziative Störung (Konversionsstörung)

F8 Entwicklungsstörungen

F80	umschriebene Entwicklungsstörungen
F80.0	Artikulationsstörungen
F80.1	expressive Sprachstörungen
F80.2	rezeptive Sprachstörungen
F80.3	erworbene Aphasie mit Epilepsie (Landau-Kleffer-Syndrom)
F80.8	sonstige Entwicklungsstörungen des Sprechens und der Sprache
F80.9	nicht näher bezeichnete Entwicklungsstörungen des Sprechens und der Sprache

F81	umschriebene Entwicklungsstörungen schulischer Fertigkeiten
F81.0	umschriebene Lesestörung
F81.1	isolierte Rechtschreibstörung
F81.2	Rechenstörung
F81.3	kombinierte Störung schulischer Fertigkeiten
F81.8	sonstige Entwicklungsstörung schulischer Fertigkeiten

F81.9   nicht näher bezeichnete Entwicklungsstörung
         schulischer Fertigkeiten

F82 umschriebene Entwicklungsstörung der motorischen
     Funktionen

F83 kombiniert umschriebene Entwicklungsstörung

F84 tiefgreifende Entwicklungsstörung
     F84.0   frühkindlicher Autismus
     F84.1   atypischer Autismus
     F84.10   Autismus mit atypischem Erkrankungsalter
     F84.11   atypischem Erkrankungsalter und atypischer
              Symptomatologie
     F84.2   Rett-Syndrom
     F84.3   andere desintegrative Störung des Kindesalters
     F84.4   überaktive Störung mit Intelligenzminderung,
              Bewegungsstereotypien
     F84.5   Asperger-Syndrom
     F84.8   sonstige tiefgreifende Entwicklungsstörung
     F84.9   nicht näher bezeichnete tiefgreifende
              Entwicklungsstörung

F88 sonstige Entwicklungsstörungen

F89 nicht näher bezeichnete Entwicklungsstörung

F9   Verhaltens- und emotionale Störungen mit Beginn in der
     Kindheit und Jugend nach ICD-10 Forschungskriterien
     (1994):

F90 Hyperkinetische Störung
     F90.0   einfache Aktivitäts- und Aufmerksamkeitsstö-
              rung
     F90.1   hyperkinetische Störung des Sozialverhaltens
     F90.8   sonstige hyperkinetische Störung
     F90.9   nicht näher bezeichnete hyperkinetische Störung

F91 Störung des Sozialverhaltens
    F91.0   auf den familiären Rahmen beschränkte
              Störung des Sozialverhaltens
    F91.1   Störung des Sozialverhaltens bei fehlenden
              sozialen Bindungen
    F91.2   Störung des Sozialverhaltens bei vorhandenen
              sozialen Bindungen
    F91.3   Störung des Sozialverhaltens mit oppositionel-
              lem, aufsässigem Verhalten
    F91.8   sonstige Störung des Sozialverhaltens
    F91.9   nicht näher bezeichnete Störung des Sozialver-
              haltens

F92 kombinierte Störung des Sozialverhaltens und der Emo-
    tionen
    F92.0   Störung des Sozialverhaltens mit depressiver
              Störung
    F92.8   sonstige kombinierte Störung des Sozialverhal-
              tens und der Emotionen
    F92.9   nicht näher bezeichnete kombinierte Störung
              des Sozialverhaltens
    F93   emotionale Störung des Kindesalters
    F93.0   emotionale Störung mit Trennungsangst des
              Kindesalters
    F93.1   phobische Störung des Kindesalters
    F93.2   Störung mit sozialer Ängstlichkeit des Kindes-
              alters
    F93.3   emotionale Störung mit Geschwisterrivalität
    F93.8   sonstige emotionale Störung des Kindesalters
    F93.80   generalisierte Angststörung des Kindesalters
    F93.9   nicht näher bezeichnete emotionale Störung
              des Kindesalters

F94 Störung sozialer Funktionen mit Beginn in der Kindheit
    und Jugend
    F94.0   elektiver Mutismus
    F94.1   reaktive Bindungsstörung des Kindesalters

F94.2   Bindungsstörung des Kindesalters mit Enthem-
        mung
F94.8   sonstige Störung sozialer Funktionen im
        Kindesalter
F94.9   nicht näher bezeichnete Störung sozialer Funk-
        tionen im Kindesalter

F95 Ticstörungen
F95.0   vorübergehende Ticstörung
F95.1   chronisch motorische oder vokale Ticstörung
F95.2   kombinierte, vokale und multiple motorische
        Tics (Tourette-Syndrom)
F95.8   sonstige Ticstörung
F95.9   nicht näher bezeichnete Ticstörung

F98 sonstige Verhaltens- und emotionale Störung mit Beginn
    in der Kindheit und Jugend
F98.0   Enuresis
F98.00 nur Enuresis nocturna
F98.01 nur Enuresis diurna
F98.02 Enuresis nocturna et diurna
F98.1   Enkopresis
F98.10 mangelnde Entwicklung der
        Sphinklerkontrolle
F98.11 Absetzen normaler Faeces an unpassenden
        Stellen bei adäquater Sphinklerkontrolle
F98.12 Einkoten bei sehr flüssigem Faeces
        (z.B. Überlaufeinkoten bei Retention)
F98.2   Fütterstörung im frühen Kindesalter
F98.3   Pica im Kindesalter
F98.4   stereotype Bewegungsstörung
F98.40 ohne Selbstverletzung
F98.41 mit Selbstverletzung
F98.42 gemischt
F98.5   Stottern
F98.6   Poltern

| F98.8 | sonstige näher bezeichnete Verhaltens- und emotionale Störung mit Beginn in der Kindheit und Jugend |
| F98.9 | nicht näher bezeichnete Verhaltens- und emotionale Störung mit Beginn in der Kindheit und Jugend |

F99 nicht näher bezeichnete psychische Störung

9.2 Zehn Thesen zur Schwerpunktsetzung

These 1

Kinder und Jugendliche mit erheblichen psychischen Störungen, die in der Ausübung der ihnen zugedachten sozialen Rollen beeinträchtigt sind und dadurch Gefahr laufen, soziale Benachteiligungen zu erleiden, die dazu angetan sind, eine vorliegende Erkrankung oder Störung zu verstärken, bedürfen besonderer Hilfen.

Folgt man dieser Feststellung so hat die stationäre Jugendhilfe und hier vor allem die Heimerziehung zu hinterfragen, inwieweit sie bisher in der Lage war, diesem Personenkreis ausreichend gerecht zu werden bzw. ob sie gegenwärtig mit den vorhandenen fachlichen Standards in der Lage ist, seelisch behinderte oder von seelischer Behinderung bedrohte junge Menschen so nachzubetreuen, zu fördern und zu »halten«, daß eine Gesundung und, damit verbunden, eine schrittweise Integration in herkömmliche soziale Lebensvollzüge (Familie, Schule, Gruppe, Freizeit, Berufswelt etc.) verantwortlich vertreten werden und gelingen kann.

These 2

Als wesentliche psychische Störungen im Kindes- und Jugendalter, die eine über die bisher übliche Regelgruppenbetreuung hinausgehende Weiterbetreuung und Behandlung innerhalb der Jugendhilfe erforderlich machen, wird übereinstimmend von den meisten Kinder- und Jugendpsychiatern angegeben:
- *schwere Borderline-Störungen*
- *starke Suchttendenzen*
- *suizidale Tendenzen mit mindestens zwei bis drei vorhergegangenen Suizidversuchen*
- *stark ausgeprägte Selbst-, Fremd und Sachaggressionen*
- *schwere Dissozialität*
- *schizophrene und affektive Psychosen sowie schizoaffektive Psychosen*

These 3

Man darf davon ausgehen, daß es innerhalb des Personenkreises der seelisch behinderten jungen Menschen (nach § 35 a SGB VIII erfaßt) einen Anteil von 30 Prozent gibt, der mit den herkömmlichen Methoden und fachlichen Standards (Regelgruppe, Tagesgruppe sozialpädagogische Familienhilfe, therapeutische Verfahren, Personalqualifikation etc.) nicht ausreichend erreicht und entsprechend der vorliegenden und diagnostizierten psychischen Störung erfolgversprechend betreut und behandelt werden kann.

These 4
Vergegenwärtigt man sich den nach wie vor gängigen Einrichtungs- und Psychiatrietourismus, kann man davon ausgehen, daß es in den meisten Jugendhilfeeinrichtungen an ausreichenden personellen, fachlichen und strukturellen Ressourcen mangelt, um besonders schwierig gewordene, psychisch auffällige junge Menschen adäquat zu versorgen.

These 5
Man kann feststellen, daß präpubertär die männliche Klientel den Anteil der psychisch auffällig gewordenen jungen Menschen mit ca. 65 Prozent dominiert, während postpubertär die weibliche Klientel dominiert. Dies hat Auswirkungen auf die Verteilung der Geschlechter in der Betreuung psychisch beeinträchtigter junger Menschen.

These 6
*Der Jugendhilfe fehlt es nach wie vor an geeigneten Kriterien, das Vorliegen einer seelischen Behinderung rechtzeitig zu erkennen oder gar zu messen. »Man ist nicht seelisch behindert, sondern man wird es!« Diese Feststellung trifft Friedrich Specht (1995). »Behinderung ist kein Vorgang und kein Persönlichkeitsmerkmal, **Eine Person kann lediglich behindert werden.«***
Für die Jugendhilfe können folgende sechs Bausteine hilfreich sein:
1. *Die diagnostizierte psychische Störung nach ICD-10*
    ------> psychiatrische Kompetenz
2. *Das Ausmaß der Störung detaillierte Beschreibung*
    ------> Psychiatrische und sozialpädagogische Kompetenz

3. *Die dadurch entstehende oder entstandene Einschränkung im Bereich der Emotion, der Psyche, der Kognition, des Verhaltens ------> psychiatrische und sozialpädagogische Kompetenz*
4. *Die daraus erwachsenen Auswirkungen/Folgen und sozialen Benachteiligungen ------> sozialpädagogische und psychiatrische Kompetenz*
5. *Einschätzung des hierfür erforderlichen Betreuungs- und Förderaufwandes (Hilfe- und konkreter Eingliederungsbedarf) ------> psychiatrische und sozialpädagogische Kompetenz*
6. *Gesonderte und spezielle Leistungen bezogen auf das Störungs- und Krankheitsbild des jungen Menschen ------> sozialpädagogische und psychiatrische Kompetenz*

Anmerkung: Unter sozialpädagogischer Kompetenz ist der enge Abstimmungsprozeß zwischen freiem und öffentlichem Träger gemeint. Hierunter fällt auch die Familienkompetenz.
Als psychiatrische Kompetenz ist auch die Hinzuziehung psychiatrischer Kenntnisse gemeint bzw. die Einschätzung der psychiatrischen Fachkompetenz.

These 7
Seelische Behinderung darf demnach als ein Prozeß, als Gewordenheit verstanden werden und steht in Abhängigkeit zur festgestellten Störung (anlagebedingte Faktoren mitberücksichtigt), zum Entwicklungshintergrund des jungen Menschen (Sozio- und Biogenese, auch die der Eltern), zu den Bildungsvoraussetzungen, zur Chancengleichheit und zur gesellschaftlichen Akzeptanz. Seelische Behinderung ergibt sich weiter in der klaren und begründbaren Zuschreibungsfähigkeit der beteiligten Fach- und Berufsprofessionen (Psychiater, Pädagoge, Pädiater, Lehrer etc.) auf dem Hintergrund genauer und nachvollziehbarer Ergebnisse (auch Meßergebnisse) sowie erfolgter und begonnener Integrationsversuche (in Heim, Gruppe, Familie, Schule, Berufswelt etc.) und der Erfassung des Schweregrades der psychischen Störung. Hier greifen also die sozialpädagogische und die medizinisch-psychiatrische Fachdisziplin ineinander.

These 8

Nur wenn eine einfühlsame, zielgerichtete und differenzierte Einschätzung möglich gemacht wird, ist der damit verbundene Zuschreibungsprozeß der »seelischen Behinderung« als Positivum zu sehen, weil er letztendlich grundlegende Bedürfnisse nach Akzeptanz, nach Integration und Selbstbehauptung in unserer leistungsorientierten Gesellschaft und, damit verbunden, Chancengleichheit berücksichtigt und diese durch Sicherstellung geeigneter Hilfen untermauert.

These 9

Es darf und muß originärer Auftrag der Jugendhilfe sein, in der Fortschreibung der Erziehungsarbeit auch immer den konkreten Eingliederungsbedarf und das wesentliche Integrationsbedürfnis psychisch auffälliger junger Menschen zu benennen. Daß sich hier natürlich unterschiedliche Standpunkte in der Einschätzung zwischen Einrichtung und Kostenträger ergeben, ist nachvollziehbar.

These 10

Die besondere Problematik des zu betreuenden Personenkreises erfordert eine intensive psychosoziale Begleitung der in Betreuungsverantwortung stehenden Fachkräfte. Diese Mitarbeiter dürfen nicht unter den abgespaltenen Gefühlen und Reaktionen leiden bzw. nicht vor ihnen kapitulieren, sondern müssen sie annehmen, in der Supervision reflektieren und wieder zurückgeben. Personell gesehen bedeutet dies, es müssen genügend Projektionsflächen vorhanden, geschaffen und sichergestellt werden. Eine ärztliche Konsiliarberatung/Supervision ist hierzu unerläßlich.

Ein kurzes Nachwort

Ganz herzlich bedanken möchte ich mich bei Margret Peter. Sie ist seit fünf Jahren in meiner Einrichtung als Dipl.-Psychologin tätig und hat unendlich viel für den Auf- und Umbau geleistet. Sie hat mir im Rahmen ihrer Dissertation über den Personenkreis der seelisch Behinderten viele nützliche Anregungen gegeben.

Danken möchte ich Christel Martin und Charlotte Hadelich, mit denen ich stets in Austausch treten konnte und die mich in den vergangenen Jahren rege unterstützt haben. Dank all meinen Kollegen des Fachdienstes, die mich im gemeinsamen Arbeiten gefordert und gefördert haben. Vor allem aber möchte ich den Kolleginnen und Kollegen in der Erziehungsarbeit danken, die sich Tag für Tag dieser im Buch beschriebenen jungen Menschen annehmen.

Ein herzliches Dankeschön an die Universität Koblenz/Landau, die uns seit zwei Jahren wissenschaftlich begleitet und es Margret Peter ermöglicht hat, trotz ihrer Tätigkeit im Sperlingshof ihre Doktorarbeit zu schreiben.

Dank den Sponsoren und Gönnern, die dieses Werk im Interesse der betroffenen jungen Menschen und der mit ihnen lebenden und arbeitenden Erzieher, Pfleger und Therapeuten ermöglicht haben.

Zuallerletzt herzlichen Dank an die Kinder- und Jugendpsychiatrie der Landesklinik Nordschwarzwald in Hirsau und vor allem Herrn PD Dr. Thorsten Vehreschild, der seit Jahren unsere Einrichtung superviert und die enge und vorbildliche Vernetzung zwischen Psychiatrie und Jugendhilfe möglich gemacht hat.

Karl-Heinz Mueller

Literaturverzeichnis

Apitzsch, Thomas: »Verhältnis von Hilfen zur Erziehung und Eingliederungshilfe der Jugendhilfe«, in: AFET-Mitgliederrundbrief 2, S. 30

Bleidick, Ulrich: »Einführung in die Behindertenpädagogik«, Bd. III, 2. Auflage, Kohlhammer, 1981

Bleidick, Ulrich: »Einführung in die Behindertenpädagogik«, Bd. II, 2. Auflage, Kohlhammer, 1981

Böhm, Winfried: »Wörterbuch der Pädagogik«, 12. Auflage, Kröner Verlag, 1982

Bundesminister für Arbeit und Sozialordnung: »Die berufliche Eingliederung psychisch Behinderter«, Broschüre, 1987

Beck, C.H.: Jugendrecht, 20. Auflage, Deutscher Taschenbuchverlag, 1994

Dilling, H./Mombour, W./ Schmidt, M.H. (Hrsg.): WHO »Internationale Klassifikation psychischer Störungen«, 2. Auflage, Verlag Hans Huber, 1993

Günther, M.: »Hilfeangebote für seelisch behinderte Kinder und Jugendliche«, in:
Praxis für Kinderpsychologie und Kinderpsychiatrie 9/1995

Fegert, J.M.: »Was ist seelische Behinderung?«, Votum Verlag, 1995

Fegert, J.M.: »Theorie und Praxis der Eingliederungshilfe für seelisch behinderte junge Menschen«, in:
Praxis für Kinderpsychologie und Kinderpsychiatrie 9/1995

Mehringer, A.: »Eine kleine Heilpädagogik«, Reinhardt Verlag, 1987

Michel, Chr./Novak, F.: »Kleines psychologisches Wörterbuch«, 2. Auflage, Herder Verlag, 1992

Möller, H.-J.: »Psychiatrie – Ein Leitfaden für Klinik und Praxis«, 2. Auflage, Kohlhammer, 1994

Müller-Schöll/Priepke: »Handlungsfeld: Heimerziehung«, Katzmann Verlag, 1982

Mueller, K.-H./Peter, Margret: »Wir stellen vor: Ergebnisse einer Bedarfsanalyse zum Personenkreis der seelisch behinderten jungen Menschen«, UNSERE JUGEND 6/1996

Mueller, K.-H./Peter, Margret: »Wir stellen vor: Intensivgruppe für den Personenkreis der seelisch Behinderten«, UNSERE JUGEND 6/1996

Psychrembel, W.: »Klinisches Wörterbuch«, 254. Auflage, Verlag de Gruyter, 1982

Remschmidt, H.: »Grundsätze zur Versorgung psychisch gestörter Kinder und Jugendlicher«, in:
Praxis der Kinderpsychologie und Kinderpsychiatrie 9-10/1990

Rocheblave-Spenle, A.-M.: »Der Jugendliche und seine Welt«, Lambertus Verlag, 1972

Speck, Otto: »System Heilpädagogik – eine ökologisch reflexive Grundlegung«, Reinhardt Verlag, 1988

Specht, F.: »Beeinträchtigungen der Eingliederungsmöglichkeiten durch psychische Störungen. Begrifflichkeiten und Klärungserfordernisse bei der Umsetzung des § 35 a KJHG«, in:
Praxis der Kinderpsychologie und Kinderpsychiatrie 9/1995

Glossar

affektive Störung

Das Hauptsymptom besteht in stets wiederkehrender Veränderung der Stimmung oder der Affektivität, meist zur Depression hin, mit oder ohne begleitende Angstzustände

Aggression

feindseliges Angriffsverhalten, mit dem Ziel, einem anderen Individuum, einer Sache oder sich selbst (Selbsthaß etc.) einen Schaden zuzufügen

ambivalent

hin und her gerissen sein zwischen unterschiedlichen Gefühlen und Einstellungen

Ambivalenz

Bezeichnung für Doppelwertigkeit; auch im Sinne von Haßliebe

Amphetamin

Wirkstoff, Droge, die stimulierend auf die Psyche des Menschen wirken kann

Anamnese

Vorgeschichte des erkrankten Menschen und seine Krankheit

Angst

ein durch negative Gefühle gekennzeichneter Zustand, der oft mit körperlichen Symptomen (Schweißausbruch, erhöhte Pulsfrequenz etc.) und Vermeidungstendenzen (Abwehr, Flucht, Verstecken) einhergeht

Aphasie	Verlust des Sprechvermögens oder Sprachverständnisses
Betreuungskonstanz	gleichbleibende, nicht an Regelmäßigkeit und Intensität verlierende Betreuung
Defizit	Fehlbetrag, unausgeglichen
Delinquenz	Begriff für Straffälligkeit, kriminell in Erscheinung getreten, Kriminalität
Depression	psychiatrische Diagnose für Verstimmung, traurige Verstimmung (Hauptsymptome: Niedergeschlagenheit, Antriebsarmut, Interessenlosigkeit, Reizbarkeit)
Deprivation	seelischer Mangelzustand, emotionales Ausgehungertsein mit der Folge sozialer Isolation (fehlende stabile Beziehungen)
destruktiv	auf Zerstörung/Verletzung ausgerichtetes Verhalten, mit dem Ziel, in der Ohnmacht des Gegenübers die eigene Macht erleben zu können
Diagnose	Krankheitsbezeichnung (ICD-10, WHO-Klassifikation), Ergebnis einer Untersuchung
Dissozialität	Form der Verhaltensstörung (zeichnet sich aus durch Schulschwänzen, Lügen, Streunen, Diebstählen u.a.); auch als Diskrepanz zwischen Ver-

	halten und geltenden sozialen Normen zu verstehen
Dokumentation	Verlauf und Ergebnisse einer Maßnahme (Behandlung) anhand bestimmter Verfahren festhalten und aufzeichnen (Raster, Bögen etc.)
Dynamik	Bewegung und Veränderung aufgrund äußerer Einflüsse
emotional	individuelle Eigenart des Gefühlslebens und der Affektregulierung
empathisch	einfühlsam mit seinem Gegenüber umgehen können
Enkopresis	Einkoten
Enuresis	unwillkürliches, nicht steuerbares Harnlassen
Enuresis nocturna	Bettnässen (bei Nacht)
Evaluation	ein Ergebnis bezogen auf ein Ziel beurteilen/bewerten
extrinsische Motivation	eine durch andere (i.a. Regel Erwachsene) an den jungen Menschen herangetragene Motivation durch das Androhen von Strafe oder Inaussichtstellen von Belohnung
Feedback	darunter wird jede Art der Rückmeldung, ob stabilisierende oder verändernde Wirkung bezweckend, verstanden, die darauf hinweist,

daß der andere ein Verhalten oder eine Äußerung verstanden hat und darauf reagiert

Flexibilität	(lat.: Biegsamkeit) meint die Fähigkeit, sich auf wechselnde Situationen beweglich einzustellen, neue Verhaltensweisen und Lösungsmöglichkeiten anzuwenden und verschiedenen Anforderungen angemessen begegnen zu können
Frustration	(lat.: Nichterfüllung) eine Erwartungsenttäuschung oder erzwungener Verzicht auf Trieb- oder Wunscherfüllung
Frustrationstoleranz	Fähigkeit eines Individuums, die aus Frustrationen entstandene psychische Spannung über einen längeren Zeitraum hin auszuhalten und auf eine sofortige Befriedigung eines Trieb- oder Bedürfniswunsches zu verzichten
Genese	Entstehung und Entwicklung von Krankheiten
Guidance-Strategie	Programm der altersgemäßen Beratung von Schülern/Probanden, welches Berufsberatung, Berufswahl, Auswahl der Medien und Studiermöglichkeiten sowie Verhaltensschwierigkeiten und disziplinäre Probleme gliedert, mit dem Ziel der Perspektivbildung und Orientierung

Heilpädagogik	Pädagogik unter erschwerten Bedingungen; bezieht sich auf die Behebung von Erziehungshindernissen in der sozialen Umwelt und auf die Behinderungsformen des Menschen
Heimerziehung	bedeutet die Unterbringung von i.a. Regel Minderjährigen zum Zweck der Versorgung, Erziehung, Betreuung in einem Heim als Ergänzung für fehlende oder unzureichende Familienerziehung. Heimerziehung ist ein Leistungstatbestand nach § 34 SGB VIII und wird als Hilfe zur Erziehung für Eltern als Anspruchsberechtigte sichergestellt
Humanismus	eine von ethischen Grundsätzen geprägte, nach Menschlichkeit strebende Einstellung einem Individuum gegenüber
Hyperkinese/ Hyperaktivität	überstarker, nicht mehr willentlich steuerbarer Bewegungsdrang (vor allem bei Kindern und Jugendlichen bis 15 Jahren)
hyperkinetisches Syndrom	Krankheitsbegriff für motorische Unruhe, Impulsivität, gesteigerte Erregbarkeit und verminderte Konzentrationsfähigkeit
HzE	Hilfe zur Erziehung (Bestandteil des KJHG), unter § 27 KJHG

Indexpatient	in der Familientherapie das Mitglied, das durch Krankheitserscheinungen auffällig und Patient wird
indiziert	es ist angezeigt, dringend notwendig oder ratsam; medizinisch: ein bestimmtes Heil- oder Behandlungsverfahren nahelegend
Interaktion	wechselseitig sich beeinflussender Prozeß von Handlungen, die einen Prozeß aufrechterhalten, mit der Folge von Veränderungen
intrinsische Motivation	eine im Menschen selbst entstandene, vorherrschende Motivation/Interesse, an einer Sache etwas zu verändern
intuitiv	dem eigenen Gefühl folgend
Jugendamt	das Jugendamt (seit 1922) als Jugendhilfebehörde und Organ der öffentlichen Jugendhilfe soll alle behördlichen Maßnahmen der Jugendhilfe nach dem Kinder- und Jugendhilfegesetz leisten und die familienergänzenden, -unterstützenden und notfalls -ersetzenden Hilfen koordinieren und verantwortlich steuern. Gliederung und Aufgaben sind im einzelnen im Kinder- und Jugendhilfegesetz geregelt
Kinderpädiatrie	Kinderneurologie (Lehre von den Nervenkrankheiten des Kindes)

KJHG	Kinder- und Jugendhilfegesetz. Das KJHG ist das achte Sozialgesetzbuch und eigener Leistungstatbestand (SGB VIII)
Klientel/Klient	Hilfe- und/oder Ratsuchender/auf Hilfe angewiesener Mensch (bedeutsam das dadurch entstehende Abhängigkeitsverhältnis zwischen Hilfegewährer <-> Hilfeempfänger, in der Einrichtung: Pädagoge <-> Edukand, Therapeut <-> Klient, Arzt <-> Patient
kognitiv	beschreibt alle Prozesse, durch die ein Individuum Kenntnis von Gegenständen erhält bzw. sich seiner Umwelt (Wahrnehmung, Erkennen, Urteilen, Gedächtnis, Lernen, Denken, z.T. auch Sprache) bewußt wird
Komplementarität	Ergänzung oder Ausgleich, mit dem Ziel der Ganzheit (interdisziplinäre Sichtweise von Störungsbildern, um ein ganzheitliches Bild zu bekommen)
Konflikt	(lat.: Widerstreit) Auseinandersetzung zwischen Gruppen, Generationen und Personen. Konflikte können zu Angst, Aggression und Neurosen führen
Kontext	wechselseitig sich beeinflussender Zusammenhang zwischen mehre-

	ren sozialen Notwendigkeiten und Angeboten
MCD	Abkürzung für Minimale Cerebrale Dysfunktion, Krankheitsbegriff für eine dem Patienten unterstellte Dysfunktion seines Gehirns
Medikation	Verabreichung einer festgeschriebenen Dosis eines Medikamentes
Methode	zielgerichtete Vorgehensweise zur Erreichung bestimmter Absichten und Ziele
Moderator	Unparteiischer, Mittler zwischen unterschiedlichen Einstellungen
motorisch	beweglich
Mutismus	eine durch ein traumatisches Ereignis ausgelöste Schweigesucht
narzißtisch	übersteigert selbstbezogen, Selbstverliebtheit
Pädagogik	Begriff für erzieherisches Handeln mit den darin enthaltenen Wertvorstellungen, Zielen, Techniken, handelnden Personen; Theorie der Erziehung
Peergroup	Zusammenschluß von Gleichen, v.a. von gleichaltrigen Kindern und Jugendlichen, der mehr und mehr

an Bedeutung gewinnt und eine zunehmende Ablösung von den Wertvorstellungen des Elternhauses gestattet

Potentiale	vermutete bzw. vorhandene, aber bisher nicht zum Vorschein getretene Schöpfungs- und Gestaltungskräfte eines Menschen
primär	ursprünglich, anfänglich vorhandene …
Prognose	Vorhersage über den weiteren Krankheitsverlauf
Psychohygiene	im psychologischen Sinne das Reinemachen und Entlasten der eigenen Psyche von belastenden Faktoren in Form von Beratung, Supervision, Entspannung, Ablenkung
Psychomotorik	das sich nach psychischen Gesetzen vollziehende Bewegungsleben, in dem sich ein bestimmter normaler oder krankhafter Geisteszustand der Persönlichkeit ausdrückt
psychosozial	eine auf die Psyche des Menschen und die damit verbundenen sozialen Auswirkungen bezogener Zustand
Regression	Zurückfallen auf frühere kindliche Stufen
regressiv	zurückschreitend, hinter eine schon

	genommene Entwicklung zurück-fallen, sich zurückbilden
Regulierung	ausgleichen oder klären bestimmter Ereignisse oder Zustände
Ressourcen	Kraftreserven, noch verfügbare Energie, Hilfsmittel
sekundär	nachfolgend (medizinisch: Begleit-, Nebenerscheinung)
somatisch	körperlich, auf den Körper bezoge-ne Reaktionen
Spiel	eine spontane Aktivität, die ihren Zweck in sich trägt und nicht um ei-nes fremden Zwecks willen erfolgt
Stigma	Zeichen, Mal (mit etwas behaftet sein, welches schwer abzulegen ist)
stigmatisieren	jemandem eine negative Eigen-schaft zuschreiben
Störungsbild	Beschreibung eines auffälligen, von der Norm abweichenden Verhal-tens, welches als störend empfun-den wird
Syndrom	bestimmte Anzahl von Symptomen
Therapie	medizinisch: Heilbehandlung so-matischer Krankheiten durch Medi-kamente, Diäten, körperliche Ein-griffe und Kuren, psychologisch: durch Ärzte, Psychologen, Sozial-

und Heilpädagogen erfolgende Behandlung krankhaften/störenden/abweichenden Verhaltens und Erlebens durch den Einsatz unterschiedlicher Verfahren

Verhaltensstörung

als Verhaltensstörung werden Symptome wie Schulangst, Einnässen, Schlafstörungen, Gefühlsarmut, Übererregbarkeit u.v.m. angesehen. Sie ist anzusehen als ein Komplex somatischer, rationaler, sozialer, psychischer und individueller Faktoren, der die persönliche Entwicklung des Kindes in der sozialen Umwelt erschwert oder behindert

virulent

biologisch/medizinisch: ansteckend, krankheitserregend

visuell

über das Auge wahrgenommene Eindrücke und Bilder

Notizen

Notizen

Notizen

Notizen

Notizen

Von Karl-Heinz Mueller
im R.G. Fischer Verlag erschienen

**Lebensort Heim
oder Was Heimkinder brauchen**
2.Auflage 1995. 76 Seiten.
Paperback DM 19,80, SFr 21,80. ÖS 154,50.
ISBN 3-89501-248-3

Aufsätze und Gedanken der Heimerziehung
Heimkinder besser verstehen und mit ihnen umgehen
1992. 88 Seiten.
Paperback DM 16,80. SFr 18,80. ÖS 131,10.
ISBN 3-89406-717-9